這世界很煩，
但你要很可愛。

萬特特 等著

世間最好的愛，
都是先學會愛自己。

——

作者們

孫晴悅

我們之所以不滿、之所以恐懼、
之所以過著自己不想要的生活，
是因為我們不敢付出時間和精力，
去交換那個最好的結果，
然後就變成看起來有福氣，
最終還是過得沒福氣的人。

伊心

即使一切事物都是一團糟，
即使人生被巨大的絕望所充斥，
但你華服筆挺、妝容精緻。
你塗畫眼睫，就像一個戰士穿上盔甲；
你勾勒紅唇，就像一個將軍整頓兵馬。
人生有數之不盡的事情，
但唯獨愛美這件事，你能夠全權掌握。

林宛央

我出門倒個垃圾都要化妝，
不是為了遇到男神，
而是因為我太自戀了。
世間最好的愛，都是先學會愛自己，
這不是自私，而是不給別人添麻煩。
沒有人能完全負擔你的生活，
你能把自己過好，
就是對別人最好的愛。

王珣

既然終其一生
都要生活在愛裡，
那我的美麗就是我的基礎，
我的克制就是我的品質。

咸貴人

——

所謂的「好」和「壞」，
不都是別人給的定義嗎？
忠於自己、不干涉別人、
對自己做的事情負責，
能做到獨立，
就已經是「好女孩」的基礎存在了，
如果再有其他優點，
那簡直是女性之光。

特立獨行的貓

——

高度的自信，
是建立在自律的基礎上。
那些能長年保持自己體型的人，
都是狠角色。

曲瑋瑋

——

不是所有的愛情，都能善終。
你能做的，只是頭也不回地帥氣離場，
即使背對他的你淚流滿面，心痛心碎，
也要堅強地走回你的世界，
給這段感情一個好看一點的句號。

文長長

——

你在別人心中的地位，以及你的存在感，
都是由自身的附帶價值決定的，
包括實力、人際關係，甚至是長相。
別把某人的偏心全歸結於他對你有意見，
你得相信一切都是有原因的，
你也可以隨時改變別人對你的看法。

艾小羊

——

自我，
不是透過剖析，在他人判斷中得來的。
而是在最安靜的獨處時光中，
清除那些不喜歡的，留下那些喜歡的。
是當你決定買一件自己用的東西時，
不再需要詢問他人的意見、顧慮他人的眼光。
這時候，你的喜悅，就是你的自我。

夏蘇末

——

有時候生活只是給你一個假捧，
你真的不必灰心到把所有的熱情，
抽離出你的小世界。
任何時候，口紅都比面紙更重要，
有浪費面紙擦淚的時間和力氣，
不如好好補個妝，重回戰場。

只有你不斷強大，
世界才能柔軟！

——

前言

人生的真相，往往都不美好

我們這一生其實是尋找自己的過程，大部分人在淒風苦雨中摸索著前行。哪裡有什麼完美ending？最幸運的不過是在命運翻轉之際，不致倉皇失措，束手就擒，而是有本事、有資格說一句：我就是自己的依靠。

在艱難中跋涉，是我們所有人共同的命運。在這不可避免的命運裡，有些事希望你越早明白越好。

別以為愛錢很俗氣，那是你自由獨立的保障

這世上很多東西都有保存期限，唯獨自身的能力和銀行的存款，永遠不會背叛你。你不會因為沒錢而陷入窘境，也不會因為買了名牌的衣服、鞋子，而擔心下個月的生活費，因為你賺錢的能力，能夠為你的消費水準提供保障。

別以為愛錢很俗氣。我們活在塵世裡，為了生活撒腿跑起來，塵土飛揚的情況都

一樣，沒有誰更高尚。

別在年輕的時候假裝不愛錢。

畢竟，星辰和大海是要門票的，詩和遠方的路費也很貴。其實即便不說，你也早晚會幡然醒悟，明白賺錢這件事有多重要。但我更希望，在你尚未嘗盡人情冷暖、經受痛苦與無助的時候，早一點知道這個真相。

不愛你的人，比你想像中更不愛你

愛情真的不是全世界。

電影裡愛得癡纏總是美，而現實中沉迷於小情小愛裡無法自拔的人，基本都在演獨角戲，勝出率極低。勢均力敵的感情，從不需任何一方用力過猛。

當你在心裡發問「他到底愛不愛我」的時候，其實他就是不愛你。當你為了愛情流淚，最後發現自己除了一對臃腫的眼袋，一具幾日未曾好好梳洗的軀體外，什麼都沒得到。

不要讓撲朔迷離的戀情禁錮自己，你還可以去很多地方，看廣闊的世界，遇見更好的人。

你可以有過糟糕的愛情，但你不能放縱自己虛度一個爛透的人生。你該在天雷勾動地火的愛裡加一點理性。得不到回應的付出，消耗磨損你身心的感情，要趁早離開。

失敗就是失敗，它不是成功之母

我們都是第一次做大人，失敗並不丟臉也不可怕，可怕的是你將失敗作為自己一蹶不振的理由。

這世界多的是好了傷疤忘了疼的人。你之所以沒成功，大多數時候是因為自己努力得不夠。你不優秀，是因為還沒有把喜歡的事做到極致。別說自己命苦或者命運不公，這世界還輪不到你來評斷對錯。

至於偷懶，可以是你偶爾的放肆，不該是你生活的常態。懶惰使你以為那是安逸，是福氣，但實際上它給你的是無聊，是倦怠，是消沉。每個人都有絕望而又使不上力的時刻，但最怕的是不甘平庸，卻又不願行動。

二十幾歲以後，混日子才是最辛苦的人生。

一味標榜內在而忽視美貌，也是一種膚淺

你可以長得不夠漂亮，但一定要走在前往漂亮的路上。讓變美成為一種習慣，才有可能突圍而出，美成你喜歡的樣子。你塗畫眼睫，像一個戰士穿上盔甲；你勾勒紅唇，像一個將軍整頓兵馬。你可以決定自己眼線的長度、唇眉的顏色、鎖骨項鍊的成分，以及高跟鞋能踏出多麼有力的聲音。

外在彰顯了一個人的生活方式、性格教養、審美品味以及自我管理能力，同樣反映出，這個人對待自己的態度和對理想生活的野心。

那些在意外表的人，也會在意自己的命運，在一步步精心打理自己身體髮膚的同時，人生也一步步被打理得順風順水。不是只有強大的內心可以成為武器，美麗同樣是一種武器，代表著我們對人生的某種堅持和對優雅的執念。

千萬別低估那些有能力讓自己容貌逆襲的人，他們也有能力把自己的命運逆轉。

頻繁的厭世是因為你格局太小

你在職場和社會上摸爬滾打幾年之後，就會發現自己何止是傻，簡直有點蠢。之前諸多幻想逐漸破滅，很容易陷入莫名的厭世、怠惰、自我懷疑裡。

不管你在怎樣的環境和年齡下，總有一些不盡如人意的地方，但世界總歸是美好多一些。不刻意迴避問題，但也別讓問題變成洪水猛獸。主動面對問題、解決問題，比抱怨要有用得多。

多出去看看世界。你應該關心的不是娛樂八卦，而是這個世界的樂趣。去了解這個世界更多的面目，去發現更多未知。知道還有那麼多人比你優秀，也有那麼多人比你辛苦。擁有廣闊的胸襟和強大的內心，接受任何不可避免的結局。你要掙脫命運的束縛，剝離掉無用的彆扭，活出豁達和坦然。

這世界很煩，但你要很可愛

可愛不是任性，而是一個成年人的自我救贖。

太多人在被時光硬生生磨掉光彩之後，活成了混濁的死魚眼。對世界冷漠，對美好麻木。這無趣的根源，是內心的貧窮，像是一場暗潮洶湧的心理饑荒，時時侵蝕著他們的心。

而可愛是在陽光裡、在小動物身上、在一份美食中，或者隨意一件細小平凡的事物裡，找到悸動和快樂。保持著對這個世界最初的好奇和敏感，有純潔溫柔的靈魂，又有世俗的趣味，才能捕捉到那些粗糙的心看不到的風景。

生活夠無趣了，你千萬不要在無趣中老去。

「可愛」的形象設定，永遠都不應該崩塌。

一個人不管活出哪種姿態，都有人對你評頭論足、指指點點。索性不必活得像誰，只活出自己的風骨和脾性，活得熾烈，活得你奈我何。

可愛沒有年齡感，沒有那麼多紛繁複雜的東西，更不需要別人貼標籤、打評分。

它自帶獨樹一幟的個性，不取悅旁人也不討好世界，擁有安寧明亮的目光，也有抵禦人生無常的金剛心。

二十七位過來人的故事和經歷，送給正學著當個大人的你。只想告訴你，沒有人能真正了解這個世界，每個人都有自己的小宇宙，但你可以選擇和它保持一個可愛的距離。在這段距離裡，坦然接受生活給予自己的所有，自我更新，無畏向前，不攀附，不將就。

只有你不斷強大，世界才能柔軟。只有你可愛，這世界才能變得更可愛。

contents

1

Part one 人生

今天一定要過好，因為明天會更老

2

Part two 愛情

讓你熬夜想念的人，都是渾蛋

3

Part three 美麗

正大光明地愛美，讓別人邋遢去吧

4

Part four 職場

你總要掉幾格血，才能刷出自己的存在感

1

今天一定要過好，
因為明天會更老

我想當賢妻，更想當仙女

林宛央

我今年二十七歲，剛好到了一個對女人來說比較關鍵的年齡。去面試，別人會問：「近期有生孩子的打算嗎？」自從去年結了婚，回家過年，親戚們的第一句話就是：「什麼時候要生孩子啊？」我的確準備要進入一個新階段，但說實話，我有點彷徨。

因為我太常聽到這句話：「，有了孩子，女人的世界就會變得不一樣。」甚至，身邊很多閨密的變化，都在證實這句話。自從當了媽媽後，她們和我的話題就只有一個：孩子。

除此之外，周遭一切皆與她們無關。偶爾我和她們聊起旅行或者聚餐，她們微微一怔，繼而說道：「這些少女式的矯情，離我們太遠了。」

但是，距離上一次她那文青般矯情地說要去看看世界，也不過一年多的時間。一個孩子，讓我和閨密都有種恍如隔世的感覺：她們不再買買買和美美美，只有對孩子的愛愛愛。

就在昨天，我寫了一篇關於消費的文章。一個當了媽媽的讀者留言給我：消費不起，我的錢每一分每一毫都要用在刀口上，孩子是我的頭等大事。

我當時看了，頓生涼意，很想回一句：「一個女人，把錢花在自己身上，就不是花在刀口上了嗎？」可是我沒有回。我理解每一個母親的偉大，人性的無私，就是在當媽媽時，發揮得最為淋漓盡致。但我始終覺得，大部分女人放棄自己太早了。一當了媽，就把從前恣意的人生全變成前男友。很多同學都曾和我說過：「孩子就是一切。從今以後的每一天，我都要為自己的孩子而活。」

真的，傳統文化對女人的道德綁架太厲害。在家從父，出嫁從夫，夫死從子。這種理念簡直有毒，一連講了三個從，唯獨沒有從己。

我覺得，一個女人唯有先從己，才能真正建立起完整的生活型態。對於一個事事都要先問過別人意見的女人，我無法相信，她有獨當一面的能力。

一個連自己都搞不定的人，憑什麼搞定別人？一個連自己的人生都擔當不起的女人，又憑什麼擔當起一個孩子的人生？

世間最好的愛，就是先學會愛自己；這不是自私，而是不給旁人添麻煩。沒有人能完全負擔別人的生活，能把自己過好，就是對別人最好的愛。當一個好媽媽，和當一個搖曳生姿的女人，完全不衝突，我們沒必要為了任何人壓抑自己的欲望。

誰規定女人當媽後，就不能畫漂亮的妝，做最好的自己？誰規定媽媽的模樣就一定是艱辛的、勞苦的、無言的？誰規定女人的一生，必須站在一個男人身後，藏於沒有色彩的家長里短之中？

一直以來，大家都太喜歡正襟危坐、端莊自持的女人。《紅樓夢》裡的李紈失去丈夫之後，就把一生精力放在兒子身上，她不能活得太舒坦，要不然就會落下話柄：你看那個女人，死了男人，還敢嘻笑。所以，她始終靜默如黑白背景，在鶯鶯燕燕的大觀園裡完全失色。

當然，她是賢妻良母。

小說《飄》裡的郝思嘉同樣早年喪夫，戰亂年代，戴一頂顏色鮮豔的帽子，出席籌款活動，淪為人人唾棄的對象。男人都死了，你怎麼敢活得這麼高調？但她就是活得很漂亮。

當然，她不是個傳統意義上的好女人。

李紈和郝思嘉，是擁有兩種完全不同價值觀的女人。一個不敢活出自己，一個太愛自己。人人都說郝思嘉自私，可是，最後守住家園的還是她。

一個真正堅韌的女人，就是能把自己活得搖曳生姿。如果把事情搞得一塌糊塗，用所有本應善待自己的時光去討好別人，真的就能換回更多的愛嗎？

我在幼稚園見過一個孩子，他不願意讓媽媽接送，只願意讓爸爸來，因為別的小朋友都說，他的爸爸又帥又年輕，媽媽又老又醜。如果你知道自己犧牲一切，換來的卻是如此結果，你會怎麼想？

你沒有必要犧牲自己，也沒有人希望你犧牲自己，他們想看到的是，你活得閃閃發光，他們也沾點榮耀。他們希望你能活成女王，讓他們又愛又崇拜。你以為自己活得糟一點，孩子就能精緻一點？不，小孩的模仿能力最強，你現在的樣子，也許就是他將來的樣子。

如果你愛一個人，請先做好自己，那是你能給予的最有價值的愛。我不希望年輕的時候對一個人說：「我要把一切都給你。」老了又對他說：「你看我一生都奉獻給你了，你要感謝我，對我好一點啊。」拜託，這種說法不但綁架了自己，又綁架了別人。

對自己好一點兒吧，穿上高跟鞋，塗口紅，做美甲，該美就美，走路帶風。去最遠的地方，喝最烈的酒，愛最好的人，生最萌的娃。左手賺錢，右手抱娃，前可組隊打boss，後能血值爆棚保護最愛的人。

你是賢妻，也是仙女。你要相信，時光阻擋不了你的美，誰也攔不住你顛倒眾生。別太早放棄自己，你的好，要為自己綻放。

我的好友妍妍說，她經常穿很亮麗的衣服，打扮得明豔動人去上班，但常常遭到直男（指觀念傳統、自以為是的男人）攻擊：「你是結了婚的人，穿成這樣給誰看啊？女為悅己者容，懂不懂啊？」

她每一次只是笑笑不說話，然後心裡給自己一個肯定：是啊，女為悅己者容，我喜歡自己不行嗎？

誰規定女人一定要活給男人看？

我也經常聽到有人對我說：「你化妝給誰看啊？告訴你，男人都喜歡素顏美的。而且，你這種已經結婚的人，就更沒必要了吧。」太多人容易掉進一個迷思，女人把自己裝扮得好看，是為了男人，女人經營自己，是為了嫁給一個好男人。

我的答案是：「不」。

我好看，不是為了給誰看，只是因為我喜歡。我經營自己，不是為了找到條件比較好的對象，只是因為我迷戀那個越來越好的自己。

我認識的姊妹淘說：「出門倒個垃圾我都要化妝，不是為了遇到男神，而是因為我太自戀了。」

這才是現代女性的姿態，不慕他人盛名而去，不在低谷時自棄。

我不想被人五花大綁，規行矩步，盲目從眾，迷失自己。我只想做一朵自由行走的女人花，每一步皆有盛放的姿態。

可愛心機

我好看，
不是為了給誰看，
只是因為我喜歡。

今天一定要過好，因為明天會更老

李月亮

小學時我穿公主裙去同學家玩。她姊姊見了，羨慕不已，不停追問我哪兒買的、多少錢、有沒有尺碼大一點的，然後央求她媽媽幫她買一件。

她媽媽皺著眉說：「你都多大了，這種衣服還能穿出去嗎？」

她說：「我從小就喜歡，但是你不肯買，我做夢都想要一條這樣的裙子。」

她媽媽說：「那是多久以前的事了，反正你現在不適合穿啦。」

當時她一臉絕望的表情，我至今都忘不了。而昨天，那種絕望出現在我心裡。

去年我買了件碎花襯衫，也是我小時候一直想要卻沒得到的那種。買的時候我很清楚，是少女款，但實在喜歡，還是不由分說地抱回家。之後，它就一直掛在我的衣櫥裡，從來沒有實現過作為一件衣服的使命。

昨天我要去見閨密，想著無論如何穿它一次。可是披掛上身站在鏡子前，那畫風詭異得我不忍直視。最後還是脫下，又掛了起來。掛好後，我看著它，心裡說不出的難過。

不得不承認，有些願望，當時沒實現，就永遠不會實現了。

前些時間我帶著兒子去遊樂園玩。照例要坐雲霄飛車，照例是先生陪他上去，我旁觀。

他們在上面呼嘯飛馳時，一個大姊在旁邊問我：「你怎麼不坐呢？」

我說不想坐。她說看著挺好玩的。

我說當時好玩，下來頭暈。她說她都沒坐過。年輕時捨不得花錢，現在坐不了啦。

很遺憾的語氣。

我想她未必是此刻想要體會一下，坐雲霄飛車的刺激和歡樂，而是她覺得自己的人生中，缺少了一種體驗，從而不夠圓滿。

我們其實也常常有類似的感受：世界上有很多新奇的花樣，而自己在最合適的年紀錯過了，歲數漸長後，縱有機會，也已無力消受。於是看著別人盡情歡樂，心裡會莫名生出一絲酸，一絲癢，一絲無奈，一絲遺憾。

例如三十歲時，看著小女孩穿上你從未擁有過的公主裙翩翩起舞。

例如四十歲時，看著高中生為了做漂亮的義賣海報而全心投入。

例如五十歲時，看著年輕人呼朋引伴泡酒吧、跳舞、通宵打遊戲。

例如六十歲時，看著新婚夫妻帶著絨毛娃娃去海外旅行，拍下許多熱情優美的照片，宣誓和銘記愛情。

……

你一定會想：真好，可惜我沒有體驗過。也不是不能嘗試，只是早已不合時宜。

人在不同的年紀，會遇到不同的世界。

五歲時，世界是玩具店、甜品店、遊樂場。到了二十五歲，商場、酒吧、電影院的門打開，玩具店的門就關上了。到了五十五歲，茶館、古玩店、棋牌室的門打開，酒吧的門就關上了。再到七十五歲，公園、醫院、花鳥市場的門打開，其他的門就關得差不多了。

很多門，開著時若不進，一旦關上了，就進不去了。只是我們常常察覺不到，那些門在一扇扇關閉。在我們的意識裡，玩具店、酒吧、美妝店永遠都在那裡，只要你想進，隨時可以。

而事實上，錯過了合適的年紀，你可能就真的再也沒有機會去體驗。一不留神，就已經被拒之門外。

意識到時，心裡難免遺憾。

我們當然不可能永遠守著遊樂場的門，不讓它關閉。

真正讓人遺憾的，其實不是遊樂場的門關上了，而是它向你敞開時，你沒有痛痛快快地享用它。

世界是個大遊樂場，如果你在開門時就衝進去，盡興地把所有項目玩過一遍，那麼到晚上關門離場時，你就會心滿意足，不會哀嘆怎麼那麼快就打烊了，也不會羨慕明天要進場的人。畢竟所有的精彩，你都體驗過。

如果你在裡面睡了一天，到日暮西山時才醒來，忽然覺得那麼多精彩的事都已無福消受，那一刻，離場的號角，才會倍顯悲涼。

坐過雲霄飛車，即便將來老了不能再坐，亦能坦然接受。

而那位沒坐過的大姊，看著人們在上面驚叫歡笑，心情就會有所不同。

我們在年輕時放肆地哭過、笑過、愛過、恨過，將來老了，看到年輕人愛得死去活來，心裡就雲淡風輕，畢竟我們體驗過。

若沒有，八成就忍不住想，到底是怎樣的心情呢？就會隱隱有些不甘。不甘卻又無力，是特別糟糕的感受。

所以，一定要在每個年紀，盡可能鑽進那些開著的門，暢快淋漓地去體驗。

今天一定要過好，因為明天會更老。

老不可怕，可怕的是該經歷的沒經歷、該體驗的沒體驗，就老了。

人生百味，若只品嘗兩三種，就匆匆忙忙地離了場，枉費多彩的世界提供很多的可能性，這是最大的遺憾。

我嘗過這種遺憾的滋味，所以，在兒子小時候，願意買俗氣又帶著卡通動物圖案的鮮豔衣服給他，只要他喜歡。我會帶他去很多次遊樂場，配合他穿很多款親子裝。我會鼓勵他爬樹、跳牆、光腳在地上跑、在樹葉堆裡打滾……因為我知道，這都是只有這樣的年紀才能享有的福利，過去了，就沒有這種機會了。

而我自己，也會化妝、旅行、露營、K歌、看演唱會、穿高跟鞋、買拉風的大衣、讀艱澀的哲學書、和閨密徹夜聊天、盡可能多陪陪父母、工作到天色泛白……這是我這個年紀的福利，在世界對我敞開這些門時，我要儘量去體驗，去收穫。

現代人的觀念過於功利化。所以，我們從小到大聽到的都是：你這個年紀，應該好好學習；你這個年紀，應該認真工作；你這個年紀，應該努力賺錢。

很少有人會對你說，你這個年紀，應該泡吧、看電影、坐過雲霄飛車、穿漂亮衣服、多去一些地方……

好好學習、好好工作，這當然是必需的。可是人生除了這條主線，還有很多附加品。只要安排得好，在為主線拚搏之餘，依然可以，或者說必須去體驗更多。

假期裡去野營，不會使成績變差；週末去聽一場演唱會，不會使業績下滑；畫漂亮的妝、穿高跟鞋去參加 party，也不會浪費很多錢。而正是這些看起來沒用的事情，豐富、拓展著你的生命。

人的一生，就是一場體驗。把每一天都活得暢快淋漓，才能在走完這一生時，回頭想想，覺得這輩子沒錯過什麼，不虧。

木心說，歲月不饒人，我也未曾饒過歲月。

可愛心機

真正讓人遺憾的，
其實不是遊樂園的門關上了，
而是它向你敞開時，
你沒有痛痛快快地享用它。

溫柔這麼美好的武器，希望你也有

楊楊

上個周末，捲毛發了一段文字給我：或許是年齡漸長，才覺得溫柔是一個極為美好且非常重要的特質。人情冷暖裡翻滾過幾趟，亂花漸欲迷人眼，不會再因為一個人的光環而停留。現在的愛情是，探究某人的內在，是不是柔軟溫熱的。

還沒等我開口，他接著說：「讀這段話的時候，我想起了喬安。」

喬安是捲毛的前女友。他第一次帶喬安來聚會，結束時出了包廂已是深夜。正當大家準備各自搭車回去時，她一一詢問我們幾個女生是不是方便叫車，得到肯定答案後，才隨著捲毛離開，還囑咐我們一定要小心，最好結伴。我就是從那時候起，對喬安的印象非常好。

那是一種讓人感到舒服的溫柔，不是假模假樣地應付場面，也絕非很人情世故的周全，而是乾乾淨淨的關心，自然而然的呵護。

他們在一起的那三年，我們從來沒見過喬安和誰大聲說過話。她總是不疾不徐的樣子，時時注意小細節。聚會時先詢問大家的口味後點餐；沒趕上末班車，捲毛氣急敗壞，她也微笑著說：「叫車就好啦！」捲毛面試失利，萬分沮喪，她安慰道：「總會有更適合你的工作。」

每天晚上，她都會抽出一個小時觀看美食視頻，研究新開發的菜式。等到周末時，再把我們全找過來嘗鮮。不僅喜歡美食，她還喜歡插花，喜歡芭蕾舞，喜歡塗鴉。

一群人出去遊玩，她總是帶齊各種燒烤和野營的設備，細心到連濕紙巾、牙籤等小東西都記得，需要準備的物品，會提前仔細地列在記事本上。又或是哪裡新開了店，有什麼好吃的，下周哪部頗受好評的電影上映，她都會招呼大家一起去。

和喬安在一起的時候，不用隱藏情緒，無須斟酌詞句，或許偶有窘態，她都試圖理解，也都包容。她從不盛氣凌人地逼問，也不言語尖銳地辯駁。

喬安是溫柔且溫暖的。和她相處時，你會覺得世界每一個角落，都充滿著善意。

我曾以為溫柔的人之所以溫柔，是因為世界對他們也格外客氣。他們幸運，沒有煩惱，無憂無慮，所以才能一直像小白兔一樣純淨無害。

其實，世事艱難又何嘗放過誰？喬安亦有她的苦惱和難題，諸如畢業後是工作還是考研究所、面對父母的反對該和男友何去何從、行銷企劃被一退再退的沮喪……只是每每最後她都淡然一笑，溫柔恬靜。不管世界多殘酷、多現實，溫柔的人似乎總是可以慢慢來應對。

後來，捲毛遇見了現在的女朋友，個性風風火火。幾番波折下來，捲毛雖然心裡內疚，卻還是提出分手。即便是面對這樣的難題，喬安也是一貫溫柔的態度：「我會一直喜歡你，直到我忘了你。不用打電話給我，希望我們都能過得很好。」

溫柔的人輸了，卻是贏家，因為日後你想起的，全是她的好。

我曾經以為，溫柔只是單純的細心溫和，是對得不到的豁達，是對扛不住的坦然。溫柔大概是普通人面對世界時，為數不多的一種選擇，是對自己的一種保護，也是另一種妥協。

成長後才明白，真正的溫柔是抵擋詭譎世事的自信。像行走江湖的高手，隱藏鋒芒，溫柔是他們最好的鎧甲。

溫柔這種特質對於婚姻來說，或許更重要。

跳跳和張先生算是朋友圈裡的模範夫妻。男的是個不善言辭的科研博士；女的則做媒體公關，性格開朗，人又漂亮。一次聊天，有人問她當年，為何在眾多追求者中，選擇張先生做伴侶。我們以為跳跳會回答他聰明或者高大，但她卻說：「因為他喜歡小動物。」

「他總是忍不住幫辦公室樓下的流浪狗買點吃的，幾乎看見一次買一次，有時候還會跟牠們聊天。那時候我就覺得，不論男人還是女人，溫柔真動人呀！沒有埋怨和自私，像被五月的陽光曬遍全身，發出點點微熱。」

跳跳輕抿一口咖啡，笑得燦爛又難掩幸福。

真正可貴的，是遇見骨子裡就很善良柔情的人，不是八面玲瓏型的社交名流，也不是心口不一地炮製讚美，而是真正地愛著這個世界，對所有美好的事物，都虔誠、都想要雙手輕捧。

你覺得跳跳很幸運，她只是一味享受另一半的溫柔和愛意？其實並不是。

去年，她的老公因為一項研究出了問題，被停職在家。恰逢那時候跳跳的事業一帆風順，還升職做了經理。於是，家裡的氣氛，便轉變成女主人每天披星戴月地忙工作，下班回來時，男主人已經做好了飯。周圍的親戚朋友不免擔心，這樣的局面，對於婚姻來說一定是不利的。

但事實證明，不了解真相的我們，擔心是多餘的。

跳跳每天不論多累，都不會吝惜與先生的言語交流。從最近的空氣品質到每天的新聞事件，從熱播電視劇的勾心鬥角到午餐時間同事講的笑話。

感情最怕沒話說，該天雷勾動地火的時候，你卻冷靜如止水，那麼再好的感情，遲早也要夭折的。我想跳跳深知這個道理。

兩人逛街，跳跳故意不戴手套，把手伸進張先生的大衣口袋裡，「就是覺得老公的口袋更暖和呢！」張先生只是笑笑，沒有說話。一次夜裡涼，跳跳起身給老公蓋被子，張先生睡得迷迷糊糊的，卻一把抱緊了跳跳，「親愛的，謝謝你。」

在老婆的陪伴和鼓勵下，張先生沒有因為停職而自暴自棄，每天做完家務後，繼續寫他的科研論文，直到辦公室通知他復職。

婚姻為何是愛情的墳墓？大概婚後的日子實在是平常瑣碎，步調也難免不能始終保持一致，加上優點逐漸黯淡，缺點一天天暴露，難免會在心裡問自己：我當初怎麼會愛上這個人？

有人說，如果兩個生活節奏不一致的人，還能長久相愛，要嘛是一方踮著腳尖小跑步，要嘛是另一方以隱忍的溫柔、不說話的心疼，包容你一路吃力的趔趄。

有人覺得成長就是拋棄規則，趨向圓滑，可是我並不覺得該是如此。成長應該是學會柔軟地對待世事。沒有經過命運搏殺的溫柔只是天真，真正的溫柔是一種處世能力和生活情趣，閃爍著純真而堅韌的光，並且永不磨滅。

不拚盡全力讓生活好起來，就沒有資格抱怨生活殘酷；不努力做到自己能做到的最好，就沒有權利說順其自然。什麼事情結束都可以，不倒下就是全新的契機；什麼人離開也都無所謂，但溫柔性情培養出來的美，是別人無法忽視的。

溫柔並不代表怯懦。在它的沉靜下，虛張聲勢者必將心跳加速、不自覺地回過頭去，烈火般的憤怒，也會在它面前無聲無息地熄滅。

溫柔的性情，往往具備著想像不到的力量，支撐你度過人生中一些艱難的困境。茫茫大海裡，每個人都曾手足無措，不妨溫柔一點，並非殺出一條血路，才能找到生命的燈塔。

可愛心機

真正的溫柔是抵擋詭譎世事的自信，
像行走江湖的高手，
隱藏鋒芒，
溫柔是他們最好的鎧甲。

我能想到最浪漫的事
就是和你一起發財

艾明雅

——

我的一個女性友人，這幾天一直對我碎念：「現在的男人，怎麼都變成小腳女人了？」

她男朋友很黏人，得不到女友第一時間的微信回覆，或者朋友圈裡找不到人的時候，就會賭氣說：「你是不是和別人約會去了？」

她被這些小事搞得很煩：「男人都沒有事情做嗎？都不知道本姑娘有多忙！」

我問她忙著幹嘛呢？她說：「學英語，上烘焙課，做瑜伽保持身材，去美容院護膚，還要上班、進修、做PPT。」

她說，很能理解總是面對老婆質問：「你是不是在外面有女人了」的男人，心裡有一萬頭草泥馬奔過的那種感覺。明明回家已經很累了，還要接受這種無聊的懷疑。當這句話說出來的時候，這世界上最遙遠的距離，便是我努力踮腳去構到這個世界更美好的一面；品嘗了夜的巴黎，看過沙漠下暴雨，而你永遠只會質問我，是不是和別人在一起。

我的一位朋友，最近跟我說她的男朋友劈腿了，但是她一點也不驚訝。她說，她確實有責任，因為每天都太忙了，下班還要進修什麼的，久而久之，男人也會覺得被忽視了。

我問她：「那你後悔嗎？」

她搖搖頭說：「現在男女感情的殺手，根本不是小三或小王的問題，那只是表象。更深層次的原因我很明白，因為我們沒有共同追求的目標。我希望下班後，他也能自己去找點事做，學習、休閒、運動都好，而不是回到家就無所事事。他覺得自己已經很累了，可是我也很累啊，但我還是會堅持為自己的未來努力，因為這樣，我們才能把生活越過越好，這樣相愛，才有意義。」

曾經有很多女人不解地問我：為什麼現在越來越多的年輕女孩，像喝了能量飲料一樣地向前衝、向前拚？這麼累幹嘛？就不能輕鬆一點、開心一點活著嗎？連男朋友也忽略，這樣真的好嗎？

可是，相濡以沫、故步自封、彼此有情飲水飽，真的就能保證白頭偕老嗎？

我能想到這個世界最長久的愛情、最浪漫的事，就是你賺了很多很多錢，我也賺了很多很多錢，我們一起去環遊世界，然後把錢通通花光。最後在聖潔的珠峰（珠穆朗瑪峰，即聖母峰）之巔，於極光的迷幻之下，很真誠地說一句：「看過了那麼多的風景，還是寶貝你最好看。」

不為了彼此的未來去奮鬥的愛，說得再好聽，都是蒼白的。

不要覺得這樣就是愛情變得物質了。未來世界是殘酷的，連談個戀愛，也會變成奢侈品。

如今只有兩種人最開心。第一種，基本實現了自我價值和理想，已經有一定成就，然後看過世界那些狂拽炫酷的財富自由者；第二種，壓根就不知道自己有多落後的井底之蛙，才能繼續開心。這樣的人也是幸運的，如果終其一生不需要看到外面的花花世界，他們就可以自得其樂到老。但是最痛苦的事情，也是突然某一天，無意間看到世界的一角，發現了天地廣大，自己卻已浪費許多光陰，那一刻的失落感，是別人沒有辦法安撫的。

戀愛很美，可是世界更美。

很多人，忙著查看另外一半的手機，撒下天羅地網，防範每一個發微信給自己男（女）友的異性，卻沒有想過，這個時代最大的感情危機，根本就是成長不同步，最厲害的第三者，是你的另一半背後那個被稱為「夢想」的東西。它會占據他的時間、精力，讓他欲罷不能。而你，就只能站在原地，眼睜睜看著他奔赴高高的山頂。不是他丟下你，是你自己把他弄丟了。

回頭想想，愛情荷爾蒙的有效期限只有三個月，在那三個月裡，完全受控於生物本能，對彼此釋放出最大的吸引力。剛開始，我們站著不說話，風在吹，樹在搖，就十分美好。之後愛情如何穩固下來，完全就是靠自己加分。

我從來不信「愛你老去的容顏」和「平凡如你」這種鬼話。我們愛上一個人，一定是因為美好的吸引。他在那一瞬間，綻放出獨特而蓬勃的生命力。

如果你們是辦公室戀情，你一定會懷念他做了一個完美的 **PPT**，站在台前意氣風發的樣子吧。

如果你們是大學同學，你會喜歡他站在台前深情款款唱歌的樣子。

如果你們是驢友（旅友的諧音），你一定會懷念在那個高山之巔，他脫下帽子，額頭密集的小汗珠映射出朝陽的光彩。

當原始衝動在體內退去，對彼此的幻想之光消逝，我們真正開始走上一條去愛的道路，需要殘酷地「接受你如你所是，允許我如我所是」，你憑什麼讓他對你正視不移？

一定是你變了，你變得更有內涵，除開皮囊，你擁有一種叫作「個人魅力」的東西。你對一個人最大的吸引力是，雖然我們越來越老，可是彼此都越來越有光彩。

對一個人最好的愛，就是讓對方看到，你有陪伴他或者帶她去看世界的能力。如果不為了彼此變成更好的人，那麼就會變成被落下的那個人。

真正優秀的人，一向都是雌雄同體

青音——

今天在朋友圈裡和一位閨密討論：為什麼最出色的廚師、裁縫、化妝師和服裝設計師，幾乎都是男性？這些原本是女人擅長的事，為何都讓男人占了上風呢？

再觀察一下現在的影視圈，你發現了嗎？有很多女星都開始走起霸道總裁路線。

為什麼女人越來越女漢子，甚至直接以漢子的形象開始撩妹了呢？什麼「爺」、什麼「哥」都成了一些美女的自稱，難道時代真的變了嗎？

時代變了，但是人性沒有改變。男人越來越具有陰柔氣質，女人越來越攻氣十足，這其實說明這個時代，讓人的個性得以充分彰顯。

在柏拉圖的《會飲篇》當中，有一個叫作亞里斯多芬的人，講了一則古希臘神話故事：最早的人類是球形的，有四條手臂、四條腿，一個頭、兩張臉，朝著相反的方向看。

這些球形人類有著非凡的力量和智慧，與諸神戰鬥，結果被嫉妒的神砍成兩半，以削減他們的力量。

變成兩半後的球形人類，一半是女性的，一半是男性的。從此以後，這兩半一直在尋找對方，渴望重逢。

亞里斯多芬告訴我們，當他們中的一半遇到另一半時，就會融化在愛、友誼和親密當中，片刻都不能分離，他們要一起度過一生。

著名作家周國平在《碎句與短章》中也曾寫道：「最優秀的男女都是雌雄同體的。」

其實，從心理學的角度來說，每個人在心理上都是雌雄同體的。

榮格是最早觀察到人類心理有雌雄同體現象的心理學家。他指出，在男人魁梧的身軀裡，其實生存著足夠陰柔的女性原型意象，稱為「阿尼瑪」。同樣，在女人嬌柔的靈魂中，也隱藏著屬於她們的那個男性原型意象，叫做「阿尼姆斯」。

榮格認為，阿尼瑪與阿尼姆斯，是構建男人和女人心靈結構的最根本基石。男人與女人之間的不同，不是男人完全是陽性的，或女人完全是陰性的。男人將自我意識認同為陽性，他那陰性的一面變成了無意識。女人之所以是女人，是因為她的意識自我認同為女性，而她的陽性那一面變成了無意識。我們的家庭、社會和文化，也都在強化這種自我性別認同。

但是，我們在心理上還有一種投射機制。投射是一種無意識的行為，比如說，女人愛慕一個男人，在完全不了解對方的時候，就愛得如癡如醉，其實是因為她把心裡的阿尼姆斯，也就是自己的男性意象投射在這個男人身上，人們常說的一見鍾情，就是這種心理機制造成。

所以，可以說每一個人，都同時具有男女兩個性別的心理特質，只是看你在哪個情境之下，能用到哪個部分，以及你自己有意識地讓哪個部分更加突出而已。

而社會的發展，也讓男人和女人的性別禁錮變得不那麼刻板，各種無意識和潛意識都得到充分的發掘。一個尊重個性的時代，才是進步的時代。

我第一次聽到有人說自己是雌雄同體的，乃著名舞蹈家楊麗萍。她對婚姻、愛情、事業和大自然的看法，格局廣闊、視角獨特，完全跳脫出一個小女人的小心思和小性子。但是她的一舉手一投足，又都是柔美婉轉、女人味十足的。這讓我第一次明白，一個人真正雌雄同體的魅力到底是什麼。

所以以下的建議，說給那些想要扮酷、扮攻氣十足的女孩子們：真正的酷不在外表，不是梳個油頭、套件西服、叼個菸斗，就是霸道總攻了；真正的酷是在心裡，你要真正地接納自己。

你可能不會因為自己某個部分不夠完美去整容，也不會因為自己竭盡全力，但結果依然不盡如人意的事去懊悔。不用內疚感折磨自己，你只求有成長，但不求完美。

你要無懼他人的目光，你是個敢做自己的人。你喜歡什麼、不喜歡什麼，選擇哪一種人生、職業和戀愛，結不結婚以及跟誰在一起，你只聽自己的，不必在乎不了解你的人那些蜚短流長。

你的人生，和其他人有什麼關係？你自己的選擇，自己擔當！

你只跟自己比。不再羨慕任何人的生活，也不再崇拜任何的榜樣和偶像，你的人生字典裡沒有比較。

比起外在，你開始更關注內心感受，你是聰明的、理性的。但大多數時候，你的大腦還是聽從內心的指揮，你懂得儘量跟隨自己的心，你會管理和控制自己的負面情緒，而不是用理性去壓抑真實的情感和情緒。對於紓解自己，你自有一套。

當你能夠真正活出自己，你的小宇宙才會爆發。這時候，無論你的外表是女子還是女漢子，或者你打扮得像個男人，都不妨礙你擁有真正雌雄同體的氣質，那才是最迷人的、最棒的自己！

可愛心機

真正的酷不在外表，
真正的酷是在心裡，
你要真正接納自己。
你只求有成長，但不求完美。

你為生活拚搏的樣子，真是太迷人了

萬特特

其實讓大多數人感到累和疲憊的，並不是生活本身，而是他們生活的態度和方式。

前幾天在微博上看到，一個年輕女孩貼出自己重新裝潢租屋處的攻略，裡面有不少值得一看的改裝建議，經濟實用又不失美感，獲得了眾多網友的好評。但也不乏一些這樣的評論：

「又不是自己的房子，花那麼多錢有什麼用？」

「真是浪費錢，下班回去睡一覺，第二天早上起來就走了，花工夫弄成這樣能看上幾眼？」

「等搬家的時候，這些東西都帶不走，便宜了別人。」

後來，這個小女生從容地在微博上回應他們：「房子的確是租來的，但生活不是。我花心思改造一個可以退去一天疲憊的小窩，我覺得蠻值得的。」

我默默地在她的回覆下按了讚。

很多人動不動就喜歡質問：「這有什麼用？那有什麼益處？」

我把這一群人叫做「倔強的實用主義者」，他們喜歡什麼都直奔目標而去，凡事要有真真切切的實用性。他們對過程中的小確幸並不感興趣。說穿了，不過是缺乏生活情趣而已。

現在很多人過得不好，並不是因為沒有錢，而是他們沒有精氣神，沒有高雅的生活情趣。生活剝露出最務實、最粗陋的一面，在越來越追求實用化的背後，其實就是一個人對生活的渴望，變得越來越乾癟。

無趣像是一種絕症，連知識也解不了它的毒。

這世上實用的東西有很多，但是幸福感和希望感卻很缺乏。

年初時去外地出差，與在那裡工作的大學同學伊伊見了面。好友重逢，把酒言歡自然是少不了的。

我說：「我們這麼熟了，別破費，就在家裡吃吧。」她看實在拗不過我，便邀我周六去她家小聚。

我買了水果和小雛菊，按照她給的地址興沖沖地跑去她家。

她和別人合租房子，自己的臥室三坪多。我推門進去，被簡潔清爽的北歐風裝飾嚇了一跳。水藍色壁紙，木色的雙門衣櫃，灰色的地毯乾淨蓬鬆，簡易的書架上整齊排列著她平時愛看的書。在房間裡的每一處，都能感覺到她的巧思。她遞過來一個玻璃瓶：「花插在這裡吧。」我定睛一看，花瓶上居然有她自己的塗鴉。

她做飯的時候，我倚在一旁看著她。焦糖色家居服，沒有一處皺褶和毛球。指甲上沒有花俏的圖案，頭髮依舊是學生時代的黑長直。畢業這麼多年，她似乎變化不大，站在人群裡真的一點都不起眼，但當你靠近她，就會被她的精緻深深吸引。生活的艱辛和工作的疲憊，似乎沒有侵蝕她的心。她瘦瘦弱弱的皮囊，卻透著一股無所畏懼的氣場。

或許，美好的東西能抵抗生活中的沮喪和困頓，一個人專注於審美、講究生活趣味的過程，就是悅納自己、滋養身心、重獲希望的過程。

伊伊在某知名化妝品公司做行銷。每天晚上有固定兩個小時的學習時間，寫工作計畫，做思維導圖，而這個時段她會關掉 Wi-Fi，收起手機。

和她聊天，她會笑盈盈直視你的眼睛，仔細傾聽你說話，意見不同時她不會急著打斷，而是等你說完後，輕聲細語地說出自己的想法。好朋友的生日她會提前標注在日曆上，從不錯過。禮物會精挑細選，賀卡手寫，提前郵寄給異地的朋友。

她並沒有現今人們對女神概念的標準配備，只是當大家把生活過成匆忙的流水席，在凌亂的租屋處湊合混日子，草草糊弄制式的工作，疏於經營每一段交情的時候，她珍惜每件小事，並且自得其樂，把一團廢紙展開氤氳成山水畫。

過度追求實用，會讓生活變得粗糲清苦，就像住在堅硬的水泥地一樣，毫無質感和幸福可言，甚至會焦慮不堪。既然活著，就該體會到講究生活情趣所帶來的心靈愉悅，這種過程應是自願、舒暢而且帶著幸福感的。

生活會用平淡消磨我們的熱情，做一些無用但喜歡的事，適時地取悅自己，才能讓你和強悍的現實打個平手。

有趣的人，一碗白粥也能喝出玫瑰的氣息。

生活裡，有趣的人是自帶光環吸引他人。而愛情上，有趣這一招數，也總能略勝一籌。

「我就是想不通，他喜歡她什麼呢？我到底哪裡不好了？」蝴蝶委屈地撇著嘴，擦掉眼淚，用力吸了口果汁。

蝴蝶指指自己的肩膀：「那個女生大概才這麼高，腰是我的兩倍粗，長得一點都不美，也沒看出什麼聰明伶俐。」蝴蝶越說越氣，狠狠跺著腳。姊妹們知道她追男神兩年未果，如今被他人輕輕鬆鬆地收入囊中，心裡自然是不甘和苦悶，便沒有阻止她那不饒人的刻薄話語。

她一吐為快後得出結論：「那個女生跟他在一起，肯定是俯首貼耳、逆來順受的類型，所以鮮花才總是插在牛糞上。」

「那你趕快去找自己的牛糞啊，你們公司的單身男同事也不少。」

蝴蝶嘟著嘴說：「他們除了討論工作外，就是球賽和遊戲，聚會時閒聊鬼扯了一個小時，還沒有我在家看半個鐘頭的書獲得的多。」

除去偶爾的尖酸言詞，蝴蝶確實算得上是一個不錯的交往對象。即便是素顏，也頗有幾分張柏芝年輕時的模樣，而且自學兩門外語，喜歡讀歷史，沒有公主病也沒有玻璃心。

我看著她高挑纖瘦的身影，突然想起那句話：愛情這東西有時是一種感覺，和一個人是否優秀無關。

見到蝴蝶的情敵，是在朋友揪團的一次旅行中。

那位姑娘的模樣，的確普通到讓人轉眼便忘記了。在朋友要求大家做自我介紹時，她笑著與我們打招呼：「嗨，我是小北。」靦腆中透出一股活潑勁兒。

我腦子裡突然回想起蝴蝶的話：「他喜歡她什麼呢？我到底哪裡不好了？」

是啊，哪裡好呢？

午餐時，大家準備燒烤，小北和幾個男孩子，一起把各種材料工具從車上搬下來，沒有半點嬌氣。一邊幫忙生火，一邊笑嘻嘻地跟旁邊的人聊起，自己小時候到河裡抓魚的事情。在陽光下，她的笑臉散發出一種莫名其妙的可愛，真實簡單又澎湃愉悅。

吃吃喝喝熱鬧夠了，大夥兒轉移陣地到一旁打牌。她綁起頭髮，默默收拾殘局，戴著塑膠手套撿起地上的竹籤，把垃圾清理乾淨，沒有半點兒不耐煩。等一群人回過神要打掃時，她已經將東西歸置得整整齊齊。

傍晚的時候，幾個朋友討論著路線問題，我們女生就在路邊的一家便利商店休息，我隨便泡了一碗速食麵，胡亂吃了幾口。而一旁的小北，在放好醬汁和調味料後，認真地拌著那碗乾麵，又買了幾袋小菜做搭配，伸手遞給我，「只有速食麵太單調啦」。我看著她吃麵的樣子，突然覺得她那看似路人般的五官，其實也挺美的。

真心話大冒險的遊戲時間，有人問男孩：「說說你喜歡小北什麼呢？」我立刻豎起耳朵，像是在為蝴蝶等待答案，更像是在為自己解答疑惑。

男孩摸摸小北的頭說：「跟她在一起，不會壓抑也不會覺得無聊。」小北說：「原來是這樣啊，我還以為你是被我的美貌吸引呢。」她的話引起一片善意的哄笑，有人接話：「小北是很漂亮，有趣的女生最美、最動人了。」

什麼是有趣？有趣就是在最普通尋常的日子裡熬出甜味、活出雅致、過得清歡。有趣才是一個人的最高才華。

我們每個人大半的生命力，似乎都耗在修煉成熟優秀的內功，以及與世界的拚搏奮鬥中，沒有精力愛自己，也沒有餘力愛生活。

蝴蝶很優秀，卻缺少了接地氣的生活，和對平常日子該有的熱愛，少了對一切未知的好奇，和對不同生活的尊重。

你一直被教導要去做一個優秀的人，要內外兼修，要飽讀詩書，要儀態萬千。可是從來沒有人告訴過你，要去做一個有趣的人，和如何去做一個有趣的人，將這無趣的世界，活成自己的遊樂場。

工作、賺錢、地位等固然重要，但是生活才應該是一個人的全部事業。真正奢侈的生活，和你住在都市還是鄉村、吃進口食品還是粗糧野菜，並沒有太大的關係。因為有趣的人不一定讀萬卷書，但是他們的內心是豐富的，即便是住在臨時組合屋裡，依舊有搭個花架、種幾盆花的情趣。他們不一定行萬里路，但憑著一股對生活的熱情與好奇，總能把普通的日子翻攪得熱氣騰騰。

有人說，眼眸比身體性感，杯碟比食物味濃。愛錢不膩富，愛詩不添醋，山林自有雪霧。做世俗裡有情有趣的人才最情深義重。

在這個多采多姿的世界裡，永遠不缺少各式各樣的人，唯獨有趣的人可遇而不可求。和有趣的人在一起，不需要飯菜下酒，因為他的故事就夠了，可飲風霜，可溫潤喉。

無論是小北還是伊伊，或是那個改造租屋處的女孩，即便她們沒有姣好的面孔，你卻能透過她們單薄如紙的皮囊，看到背後閃亮的靈魂，看到她們生命的山川雲翳，來去往昔。

她們不是瑟縮在櫃子裡的珠寶，等待著有緣人的垂愛。而是像自由行走的花，沒有人能挾持她們的美麗，也沒有人能阻止她們溫柔從容地對抗世俗的粗糙。

這樣的她們，真心特別迷人。

不買奢侈品的人，
如何過限量版的生活

艾小羊

一個人用的東西，要買好一點的。

去閨密許許家，赫然發現她家的洗手間裡，放著一張舒適的大紅色單人沙發。

「多的沙發沒處放嗎？」我問。

她笑著拍我一下說：「這可是我家最貴的一個沙發，故意放在這兒的，泡腳、發呆、看書，都能坐一下。不過，我沒告訴老公價格。」

有研究機構做過一個調查，煩惱的時候，最喜歡躲在哪裡？很多人的回答是廁所。聽到時有點奇怪，然而不知從什麼時候開始，一個人安靜地待著就成了奢侈。

想想也是。從小我們與父母在一起，或許還有三代甚至四代同堂。住校後，雙人、四人甚至八人宿舍都有。畢了業進入社會，終於脫離原生家庭，大多數人還是選擇了合租，因為租金便宜。過不了幾年，我們戀愛、結婚、生育了，彷彿眨眼之間，就變成當年父母的模樣。上有老下有小，一個人的時候，總有罪惡感，好像推卸了責任，偷了懶。

相對而言，廁所是一個有冠冕堂皇的理由，可以一個人獨處的地方。在這個小小空間裡，許許不僅迷上泡腳，還買了法國沙龍香薰蠟燭。招呼一句「我去廁所」，拎壺開水，喀啦一聲把門反鎖。

木桶裡水溫正好，一本閒書，一曲音樂，水涼了，拎起水壺，續點兒開水。孩子有時會在外面敲門，許許一句「媽媽上廁所」就打發了。

好時光總是過得特別快，二十分鐘一晃眼就沒了。許許收拾妥當，像沒事一樣走出來。時間太久，家人有意見，時間太短，自己不過癮，二十分鐘剛剛好。

許許在大學任教，科研壓力大，兒子頑皮，丈夫工作忙，經常上夜班。她將廁所紅沙發上的時光，稱為「一個人的心靈 spa」。這樣的悠閒空檔，對於每一個繁忙的主婦或煮夫而言，都是比名牌包更奢侈的東西。

「一個人用的東西，要買好一點的，一個人獨處的時候，要奢侈一點。」許許對我說。

一個人靜靜地待著，就是奢侈。

後來我去雲南出差，見到老同學。她是單親媽媽，任職的紙媒行業不景氣，去年開始減薪。她住在前夫留下的兩房一廳裡，房子不大，還是結婚時裝修的。母親住客房，她與孩子睡主臥。她把主臥的小陽台改造成書房，和臥室之間，拉了一道窗簾。

那道窗簾，我進門就注意到了。青灰色的提花厚麻布，品質很好，應該花了一點錢。進到她的小書房，簾子一拉，我立刻聞到一股淡淡的沉香味道。

果然，她的書桌上擺著電子香爐，上面有一小撮未燃盡的沉香。我湊近聞聞，「這香不便宜。」

「很貴。」她笑笑。

「現在對我來說，最奢侈的事，就是老的小的睡著以後，我一個人安靜地坐在這裡，寫點東西看一下書。每天也就一個小時，不能熬太晚，兒子早上六點半起床後就來吵我。」

陽光穿過晾曬在小陽台上的毛衣、外套的縫隙，溫暖地落在她身後的書桌上，這是她人生最奢侈的角落，是她一個人獨處的地方。

你的內心，就是你所擁有的世界。

我們經常要求自己成長，然而究竟什麼才是成長？

成長最明確的概念，是你曾經希望與世界磨合，你在意與他人的聯繫和交集，跌跌撞撞地走到一定的時刻，經歷過被辜負欺負，也有意無意地辜負欺負過別人，慢慢地看清楚你所擁有的世界，再大也大不過自己的內心。於是，你開始低下高高抬起的頭，放棄與世界的磨合及掙扎，心平氣和地與自己相處。

一個人獨處的時候，你就是全世界。你願意營造一個什麼樣的世界，忙碌、焦慮、不安、貧乏，還是平靜、閒適、安寧、富足？

對於許多按部就班走在人生道路上的人，一個人獨處的時光實在太少，不知不覺丟掉了與自己相處的能力。

我見過忙碌的職業婦女，抱怨生活雞零狗碎。她花很多錢買一件貂皮大衣，因為辦公室裡其他人買了。幫孩子報名補習班，因為社區裡其他的孩子都報了。這些都沒有問題，人類社會是透過攀比與虛榮求進步的。有問題的是，當她和我抱怨生活的時候，我們坐在一間安靜的咖啡廳裡，有一刻，我出去打電話，講完電話回來，她突然拿出手機給我看，問：「哪個顏色好看？我想給老公買個皮夾。」

我問她：「你一個人的時候，都做些什麼？」她茫然地看著我說：「滿屋子到處找事做。」

你的喜悅，就是你的自我。

結婚後，女人很容易集體意識過強，把自己丟得越來越遠。自己用的東西，隨便買買；自己吃飯的時候，簡單打發；終於有機會一個人獨處，趕緊做事。我們常常嘴上說要過有品質的生活，卻又茫然不知如何跳脫零亂的生活，與有限財力的束縛。

在我看來，始終願意花心思與金錢，在自己一個人用的東西上；一個人待著的時候，把自己安排得閒適而妥帖；每天擠出時間獨處，哪怕不到一個小時，也要下狠心與喜歡的物件黏在一起。這些，都是比買名牌包更奢侈的生活，也是認識自我、與自我相處最正確的方式。

自我，不是透過別人剖析，在他人判斷中得來的，而是在最安靜的獨處時光中，放空、傾聽，清除那些不喜歡的，留下那些喜歡的。是當你決定買一件自己用的東西時，不再需要詢問他人的意見、顧慮他人的眼光。

這時候，你的喜悅，就是你的自我。

能不能轉開瓶蓋，你都是好女孩

李愛玲

某次我和閨密孫小仙聊天聊到口乾舌燥，順手抓起一瓶礦泉水，轉了兩下瓶蓋開不了。「笨死了！」孫小仙接過去，一把沒轉動，勃然大怒：「我就不信邪！」只見她跳了起來，墊上手帕，一咬牙一跺腳，手起蓋落：「給你！來當個陪聊，還得侍候你喝水！」

我故意蹺著蘭花指接過來。

第二天，孫小仙在 QQ 上貼了一則新聞給我，內容是一個女孩在浦東機場過安檢時，帶了一瓶礦泉水，稱自已轉不開瓶蓋；安檢人員幫她打開，那女孩竟然直接哭了起來：「我喝礦泉水都是男朋友在轉瓶蓋，你打開的水沒有愛情的味道！」

孫小仙差點被這則新聞氣到吐血，她說：「我終於知道我為什麼嫁不出去了，我不但自己轉瓶蓋，還自告奮勇幫別人轉！」「哈哈哈。」我一陣喪心病狂的大笑之後，想起了另一個單身閨密 Coco。

我和 Coco 的相識，完全出於工作需要。那時我還是人力資源經理，想在公司開英語班，於是聯繫了一家知名的英語培訓機構，來洽談合作計畫。Coco 接待了我。長髮飄逸、眉清目秀、談吐得體、有禮有節的 Coco，給我的印象分數很高。但我不是見了漂亮小姐就昏頭轉向的小夥子，我要的是高品質和低價格。

一來二去，多番比較，培訓費幾乎被我砍到最低。在整個過程中，Coco 始終和顏悅色，不卑不亢。公司的英語班順利開課，為了讓大家保持學習的熱情和動力，Coco 始終和我保持聯繫，經常就提高大家的積極主動性提供建議給我。

一個多月後的某一天，Coco 出現在我的辦公室。我原本以為還是關於課程改進的商討，便例行公事地和她面對面坐在會議室。

她開口卻說：「姊，我要離職了，我覺得必須要過來當面和您說一聲，很感謝您對我的支持。」

我有點意外，馬上犯了職業病，想了解她的離職原因，我問她：「你做得挺好的，為什麼要離職呢？」

「我們內部最近有些調整，我自己不太適應，所以辭職。不過您不用擔心，離職是我個人因素，公司這邊的師資水準、課程品質都沒有問題，培訓班的進度和重點我已經交接好了，以後由王老師負責對話窗口。這是下一步的計畫，您看看有什麼問題，有事我一定盡力幫忙。」Coco認真地將往後規劃、注意事項等全部列給我，一一說明。

我接觸過很多培訓機構，這一行人員流動較為頻繁，但在離職前能親臨告知的已屬難得。

不對老東家發半句指責和埋怨，這是素質。人走茶不涼，交接好所有事情，這是敬業。當面致謝，心存感恩，這是教養。

以上三點，足以令我對這個女孩刮目相看。

工作上沒了交集，我們卻從此成了閨密。

Coco老家在山西，家境優渥。相對於漂泊在外孤身奮鬥的清苦，只要她稍一妥協，聽從父母的安排，便可回到老家，接受一份舒適的工作和衣食無虞的生活。但Coco始終用堅持說服父母。他們的心疼、擔憂、催婚，都是心上的石頭。她不逃避，也不矯情，不自憐，也不自戀。在完成父母的成家立業指令之前，她選擇先成為更好的自己。

Coco曾經夢想成為一名服裝設計師，也想過報考藝術院校，卻在現實裡陰差陽錯讀了外語。辭職之後，她一直想方設法尋找機會，希望能找到興趣與事業的結合點。起初，我並沒有特別在意這個小女生的想法，後來發現，她竟像小燕銜泥一樣，一點點構築起自己的夢想。

沒有資金開店，她先在網路上聯繫進貨管道，選定中高階女裝，親自選款，發圖片，從代購的小生意一點一點做起。不是專業出身，她就四處打聽進修課程，從入門級的基礎開始，學化妝、學造型、學搭配，慢慢培養自己的眼光和品味。

因為工作關係和職業習慣，我關注過很多年輕女孩。時尚漂亮有夢想的美女很多，肯腳踏實地去做的卻太少。有些人自恃美貌，習慣性傲嬌，除了自拍外其他的什麼都不會。有些人懶散成性，遇問題怨天尤人，對工作叫苦喊累，沒有公主命卻慣了一身公主病。有些人陰晴不定，一憤怒就河東獅吼，一打擊就一蹶不振，給點陽光就變段子手（指網路上寫短文的人），來片烏雲就成落湯雞。

相較之下，Coco 像一個充滿正能量的小太陽。

她喜歡小孩，會去育幼院看望孤兒，給小朋友帶食物，幫管理員撿垃圾。

她在公益素食餐廳當義工，為前來就餐的弱勢團體端湯倒水，洗碗、掃地、擦桌子，不怕髒不怕累。

她愛搜羅海邊的特色咖啡店，去看書、觀景、曬太陽，容顏和心情一樣美美的，像海面閃動的粼粼波光。

她堅持每周參加專業英文演講俱樂部，從初級菜鳥到擔任主持人、接待專員，參加進階比賽，站在台上侃侃而談，落落大方。發音和口才的進步，氣質和氣場的提升，令俱樂部成員紛紛為她按讚。

今年夏天，Coco 又朝著夢想邁進了一大步。她創辦了女性美麗沙龍「美學堂」，用學習美、分享美的初衷，將身邊愛美的女孩聚集在一起，每周一期沙龍活動，從服飾搭配、護膚美妝、社交禮儀、兩性情感到茶藝、花道、養生、書法、旅行、攝影……她像隻不知疲倦的小蜜蜂，選主題、做海報、找場地、聯繫主講老師、更新網頁，纖弱的身體散發著巨大的磁場，吸引越來越多的朋友加入，並自發地幫忙。

我終於明白為什麼越來越喜歡這個女孩，她有太陽般的光芒和能量，也有星夜月華一般的靜美和清朗。她選擇用學習為自己增值，填滿單身時光，把分分秒秒流逝的青春，變成滋養靈魂的養分，用生命裡最努力的晨光，去配自己年輕的皮囊。

她不是沒有委屈，但從不四處訴苦。每個輕描淡寫的背後，都有自己的全力以赴。

有時我也忍不住八卦地問她：「最近有沒有好消息？還沒遇見合適的嗎？」

她嘿嘿地笑：「沒有呀，也不知道該怎麼辦呢。」

我曾經聽過 Coco 自述的一段感情經歷，在熬過苦痛掙扎糾纏後終於雲淡風輕。

她把傷痛踩在腳底，讓舊帳永遠地翻過去，不沉溺，不自責，不恨嫁，不糾結。

愛是被本能驅使去尋找的過程，是相逢一笑為君飲，是一往情深至死不渝。多少人因為害怕孤單，向來勢洶洶的歲月妥協。多少人因為懼怕寂寞，被憂心忡忡的焦慮裹挾。愛情是那樣清雅、羞澀、古樸又靜默的東西，怎麼會誕生在他人的催問和自我的負擔裡？

不焦慮明天，也不悔恨昨日。走過迷障重重，穿越脂香粉膩，她獨立、坦然地等待自己的愛情。

很喜歡一部法國電影《艾蜜莉的異想世界》。女主角艾蜜莉是個孤獨、善良、古靈精怪的女孩，她從戴安娜王妃的死訊中意識到生命脆弱，從此決定盡心竭力地幫助身邊的每個人。她為孤獨老人找回五十年前的回憶；她扶盲人過馬路，並為他描繪絢麗多彩的人間百態；她為寂寞女房東送去四十年前的相思信，助她重燃生活希望；她為咖啡館裡暗生情愫的男女，創造電光石火的機會。她像一個隱形天使，在每一次悄無聲息地助人之後，享受自己溫暖喜樂的世界；而她也在戰勝膽怯之後，收穫了心儀已久的愛情。

獨立、自強、美麗、善良，是那樣相生相長相互依存的特質，是千錘百煉後對美好的渴望和嚮往。

每次和Coco相約，她總是隨身攜帶水杯，裡面裝滿溫水。我突然想到，相識多年，我從來不知道她能不能自己轉開礦泉水。

但我確信，她絕不會像某些女孩那樣彆扭。轉不開瓶蓋的，怕自己不夠堅強，不夠獨立，沒有安全感；轉得開瓶蓋的，又擔心過於女漢子，缺失了女人味。

Coco像一朵向日葵始終朝著太陽，不做無謂的擔心，也不去茫然地找尋。只需要用一路的堅持和努力，把自己變成想要的樣子。不憂不懼，無怨無尤。做得了的就全力以赴，不苦情也不矯情。做不了的就真誠求助，不裝弱也不逞強。我問孫小仙：「這樣的女孩，誰又在乎她能不能轉開瓶蓋呢？」

會做菜，
也是一種不一樣的才情

萬特特

有滋味的生活，從來不是逃避柴米油鹽，去追逐遠方，而是有能力也有心，去將眼前的苟且，過出詩和遠方的味道。

每周和爸媽通電話，電話那頭除了噓寒問暖外，每次必提的就是：「還是天天外食？自己做飯多好。」

「嗯嗯嗯」，雖然嘴上答應著，卻沒有半點想自行開伙的慾望。直到菜菜來我家小住那次，我才終於理解什麼是「好好吃飯」。

菜菜剛來那天，就問我怎麼吃飯，「叫外送啊！」我脫口而出。飽餐一頓後，我覺得味道尚可，分量也足夠。菜菜卻無法忍受：「明天我做飯給你吃吧。」

風風火火準備好食材，菜菜瞬間變身大廚，炒起菜來有模有樣。外人很難想到，一副假小子（指性格或形象像男生一樣的女生）外表下的菜菜，居然這麼會做飯。抽油煙機嗡嗡地作響，暖暖的燈光打在鍋裡翻炒的菜上。整個廚房就連客廳都飄滿了香味。耳邊是切菜時刀剁在砧板上的聲音，薑蒜在油鍋裡爆香的聲音，食材入鍋水油接觸發出的聲音。

廚藝不精的我把洗米煮飯的事攬了過來。米在手心揉搓，煮飯不再是想像中費時又累人的事，反而很開心。小時候把手浸在米缸裡玩的快樂又回來了。

有三個字突然蹦進我的腦子：煙火氣（燒煮食物的氣味）。

此後的幾天，從簡單的青椒炒馬鈴薯、雞蛋麵，到山藥排骨湯、紅燒魚，再到家庭版麻辣香鍋、煎牛排，花樣百出。因為菜菜，每次坐在飯桌前拿起筷子的那一刻，都像是回到家，和爸媽一起生活的家。

她一邊繫著圍裙，一邊說：「都說你們文藝青年講究生活質感，你吃外送怎麼能叫生活，頂多是湊合。」

記得前年，菜菜生了重病住院，幾次化療下來頭髮掉了不少，吃什麼吐什麼。每次我去醫院看她都忍不住哭出來，反倒是她來安慰我：「好啦好啦，別傷心，這世界上還有那麼多好吃的東西我沒有吃過，捨不得死的。」

和菜菜相比，那些拍完美食卻從來不吃的女孩們簡直太矯情了，真正的吃貨，得像菜菜同學這樣，向來都有著「人生幾何，對肉當吃」的豪邁精神，以及為了吃遍天下美食，勇於與疾病搏鬥的頑強意志。

多少以吃貨自居的女生，雖然愛吃，但從來都不下廚。菜菜同學則不但特別愛吃好吃的，還特別愛做好吃的。在廚房待久了，她累積了很多獨家小妙方，比方說：手撕雞千萬不要刀切，要手撕，這樣才能保持滑嫩的口感。而澆汁裡的花椒不要用普通的，得選擇綠色的藤椒，更鮮更麻，也更爽口。

珍珠丸子如果餡料只有肉會很膩，切一些脆蘋果拌進去，再放上一點點胡椒，就是一種想不到的絕配，讓珍珠丸子有了活潑的生命力。

家裡沒有菜的時候，找出一顆雞蛋，在熱鍋裡打散後炒得碎碎的，加上孜然粉、辣椒醬、花椒粉，會有烤肉一般的獨特滋味。

你為生活多花了一點巧思，生活也會變得鮮活有趣起來。這其中滲入的趣味性，自然是其他美食所無法比擬的。

我也是在那段時日，突然領悟到，從前一直以為充滿詩和遠方的生活，才是生活最有趣的一面。然而，除卻詩和遠方，生活中更多的還是眼前的苟且，例如一日三餐。

到了一個新地方，有人愛逛百貨公司，有人愛逛書店，有人卻愛逛菜市場。看看生雞活鴨、新鮮水嫩的瓜菜、通紅的辣椒，熱熱鬧鬧，讓人感到一種生之樂趣。錢能解決的，只是最簡單的生存需要，卻常常提升不了更高層次的生活品質。

認識一位雙商（智商和情商）超高的學長，學天文物理，迷妹無數，教科書級閃耀。他鮮少發朋友圈，只是偶爾轉發一些行業資訊，或者別人看不懂的方程式，非專業人士看他的朋友圈像是看啞謎，連搭訕都找不到切入話題。

這個在我們看來像神一樣的人，有一天突然宣布自己戀愛了，並且十分甜蜜。我們紛紛猜想，能融化這種科學怪人的女孩，不是高智商的女學霸就是網紅級別的仙女。

但上個月去他家做客，站在我們面前的，是一位看上去非常普通的女生，長髮披肩齊劉海，格子圍裙將她襯托得更加小女人。這個女孩在廚房燒菜，時不時叫學長進去幫忙，兩個人連切根胡蘿蔔都是有說有笑。

後來學長告訴我們，他們是在她搬進新宿舍那天認識的，當天這個女生就買齊了各種炊具。為感謝學長幫她搬東西，她在宿舍就簡單做了幾個家常菜聊表謝意；吃飯期間，音響裡傳來她愛聽的流行音樂，飯後還準備了一些水果，切好放在小盤子裡。她對食物的色香味要求比較高，選擇的碗和小碟子都十分精緻。

學長說，從前下班後他還會加班幾個小時，因為回到家也是一個人，在哪裡吃都一樣，直到遇見她，他開始每天期待下班回家推開門的那一刻，廚房裡傳出炒菜的聲音和香氣，昨天是可樂栗子排骨，今天是醬燜蓑衣茄子。

一蔬一飯，看似尋常，卻讓他更加留心生活的細節，將他從不接地氣的工作中抽離，給了他煙火人間的平淡美好和溫暖踏實。

有人能陪你天南地北，但是鮮有人能為你下廚燒菜。**愛情，是精神的愉悅和享受，但它也需要煙火氣息，因為相愛的人都是凡人。**

在如今，各種訂購美食的App不斷產生，各式餐廳也像雨後春筍般猛開的背景下，下廚似乎成了很多女孩既畏懼也不願去做的一件事情。但其實，做飯燒菜不僅是一項生存技能，更是一種不一樣的才情。

雖然一日三餐很枯燥，可是會下廚的人一定樂在其中，不論是做給自己還是心愛的人。試想，廚房傳出刀具與砧板碰撞的響聲，空氣裡彌漫著肉香。斜陽下，女人揭開鍋蓋，噘著小嘴嘗了一口湯，畫面真的讓人感到心動和幸福。

吃飽了就不會冷了，吃飽了才有力氣談戀愛，吃飽了才能忘掉世間的種種艱辛。

生活從來都不容易，要是沒有美食相伴，我們的人生將會多麼難熬。

會燒菜這種才情，能讓生活變得更有滋味和情調，也會將你變得更加溫暖美好。

所有忠於自己的好女孩，都有講不完的「壞故事」

咸貴人

——

艾薇兒曾經說過：「我刺青、抽菸、喝酒、說髒話，但我知道我是好女孩。」

好吧，其實我們都知道，艾薇兒才沒說過這樣的話。

但這句話確實風靡過很長一段時間，大家的 QQ 空間和網路社交平台上布滿了這句話。我和它初相見時，甚至也悸動了一下。我覺得她說得真對！當然，那個時候的我，其實不刺青也不抽菸喝酒，頂多就是說髒話。

後來我長大了，真的有一段時間抽

菸喝酒說髒話，但仍覺得自己是個好女孩，只是這句話漸漸感覺不是滋味了。

也許成長的標誌之一，就是不斷懷疑自己吧。

很多循規蹈矩的好女孩開始瘋狂批評這句話。我仔細想了一下，覺得我們都弄錯方向了。

當年自己的燃點，並不是刺青喝酒抽菸說髒話，而是最後那個直截了當的判斷，我知道我是好女孩。

我怎麼知道的？當然不是前面那些標籤。那個句子太武斷了，它過於偏頗，甚至形成偏見。

那些標籤不是優勢。所有的標籤都是外界貼給你的，你可以接受，也可以拒絕。所謂刺青喝酒抽菸說髒話，是歸類，而我們每個人都有自己的個性，簡單粗暴地籠統歸類本來就不對。

那些標籤本身就有問題。刺青首當其衝被放在第一位，但它其實和抽菸喝酒說髒話根本不是同一件事。抽菸喝酒說髒話是壞習慣，不論你有什麼理由，成年之後若是沉迷於此，起碼是個不良習慣。但刺青不是，頂多是個人喜好，它連傷害身體都不算。

也許我們都匆匆忙忙搞錯了重點。

其實這句話的重點也不是前面的一大堆標籤，並不是說所有好女孩的外表都是放浪不羈的，這句話的重點是我自己知道，我是什麼樣的人。我不接受外界的評判，不是因為叛逆，而是這個世界上，沒有更了解我的人。

你看，這樣問題不就迎刃而解了嗎？

根本不需要好女孩感到委屈，也不需要壞女孩用什麼方法掩飾自己。因為所謂的「好」或「壞」，不都是別人給的定義嗎？

忠於自己、不干涉別人、對自己做的事情負責、能堅強獨立，就已經是好女孩的存在基礎了。如果再有其他優點，那簡直是女性之光。

我曾經特別努力想當個好女孩。

我對誰都特別好，無論別人提出什麼要求，都笑咪咪地應承下來。在相處關係中，我無條件退讓，在工作關係中，我也無條件做自己職責範圍之外的事情，以為這樣就可以做個好女孩，因為我太在意別人對我的評價了。我怕他們覺得我人不好，但我做了一切之後，卻變成一顆軟柿子。

人人都可以欺負我，沒有人覺得我好，只覺得我軟弱無能，甚至落下了一個虛偽的罪名。

我當然很生氣，從那之後，我拒絕額外的要求，不幫沒必要的忙，只要沒有影響別人，我只做分內的事和自己喜歡的事。結果沒想到，卻交到很多同路的好朋友。

這個時候我想起來，嘿，那些好朋友，哪一個不是我自己交來的呢？被別人定義的自己，終究不是真實的自己。

所以何必在意那些標籤，要把重點放在最後一句，就是我確認，只有我本身是最了解、最認識自己的人。

所有忠於自己的好女孩，都有講不完的「壞故事」。但這些「壞故事」不是標籤，而是不被社會的現狀定型，活出真自我的態度。

2

讓你熬夜想念的人，
都是渾蛋

你死不放手的樣子，真醜

曲瑋瑋

世間萬物，有始有終。

愛情，亦是如此。

有人說，女人說分手是因為想被挽留，而男人說分手那就是真的不愛了。好像真的是這樣。

志恒和小七剛吵完架。在這場爭吵中，只有小七一直說話，志恒卻一言不發。掛了電話後不久，小七的氣還沒消，志恒就給小七發來一條微信：「對不起，我想我對你的感覺，真的變了，我覺得我已經不再愛你了。」

手機另一端的小七很震驚，這是志

恒第一次和她說分手。一直以來，都是她說要分手，然後志恒在哄她。

小七不能接受這樣的結果，她覺得志恒只不過是在耍脾氣，可能有事瞞著她，也可能是出現第三者。無論如何，她都不能接受志恒已經不愛她的事實。

大張旗鼓的離開都是試探，真正的離開向來是悄無聲息的。對於志恒來說，就是後者。

小七從一開始的溫柔挽回，到後來撕心裂肺地不斷糾纏，酒醉後打電話騷擾對方、轟炸式地發微信，活像一個潑婦。一開始的時候，志恒知道她難受，還是很有耐心的聽小七訴苦。畢竟大家相愛一場，分手了也不願意太難看。

可是後來的小七越來越放肆，說的話也越來越難聽，就在這一句又一句惡毒的話中，一點又一點地磨掉志恒的耐心。他終於不願意理她了，甚至心裡還有反感的情緒，電話不接，訊息也不再回覆。

直到有一次，小七在志恒的哥兒們口中得知，他經常埋怨她糾纏自己，現在正追求另一個女生。這時候，小七才幡然醒悟，知道志恒說的不愛，是真的不愛，感情再也回不去了。

好像在他的新生活裡，小七才是第三者。

這些話都是小七後來和我說的，每當她想起那時候，就感到特別狼狽和尷尬，像自導自演一場獨角戲，那個角色就是一個潑婦，不斷地去麻煩早已離場的人。

如果可以回到最初，她一定會選擇堅定地轉身離開，即使知道心真的很痛，但總比撕破臉，毀掉對方心中自己的形象好多了。

我們都知道，一個變了心的人，是不可逆轉的，至少短時間內是不可能的。即使他回到你的身邊，那也只不過是因為憐憫，你願意嗎？

無論你在生活中如何優柔寡斷，當男人說已經不再愛你的時候，請做個敢愛敢恨的女人，而不是潑婦罵街，在一言一語的埋怨中，罵走的盡是曾經的感情。

像章子怡在電影《2046》裡飾演的白玲，即使得知周暮雲一開始只是想和她玩玩，但她還是忍不住愛上他，半推半就地和他談情說愛、曖昧、上床。但對於白玲來說，她要的不僅僅是這樣，她希望得到周暮雲的心。每當見到一個個陌生女人出入周暮雲房間的時候，她就忍不住去找他攤牌：

「我後來再也沒有帶男人回來過，希望你以後也不要再帶其他女人回來。」白玲說。

「不行。」周暮雲半笑著回答。

「我會不會是你的例外？」

「不會。」

「好啊，我們到此為止。」白玲顫抖著瘦小的身體，轉身離開。之後的她，墮落過，也不斷地將陌生男人帶回家，即使她和周暮雲還有聯繫，但三言兩語間，半句不談愛情。

沒了愛情，又何必再失去自尊。

白玲知道，他的不愛是真的，即使努力爭取，或是大罵一場，這個結局也根本無法改變。愛情不是談生意，談著談著就有機會合作成功。愛情的到來和離去，反而是沒有任何理由的。因為一個笑容、一張好看的臉而愛上你，也可以因為你的一點不堪而離開你，來也匆匆去也匆匆，沒有預告。

他不愛你的心，是硬的，是堅不可摧的，你的優點、你的眼淚都毫無意義。

其實，在這個男人說分開都被當成渣男的年代，你有沒有想過，有時候他們說分開，說已經不再愛了，不是因為渣，也不是因為第三者，只是因為不愛而已。

但女人總是不相信，又或許只是不能接受。用他曾經對你的好不斷地安慰自己，「他其實還愛我」，不斷地糾纏對方，用過去的回憶作為代價，直到男人真的撕破臉，或者從別人口中得知，他很早就開始沒有你的生活，才知道他最初說的不愛是真的。在「不相信」的這段日子裡，你活得好狼狽。

在知乎（中國知名問答網站）」裡看到一條特別令人心疼的提問：「男人說不愛，提出分手，就不可以挽回了嗎？」在題主後來的更新中，她得知前任已經有了新的愛情，問他怎麼能做出這種事，前任理直氣壯地回答：「其實在正式分手的前幾個月裡，我的內心就已經是分開狀態了。」這句話很渣又說得很對，活生生的現實總來得讓你措手不及。

不是所有的愛情都能善終，分開後的他無論怎樣，只要不愛你，就有他的自由。

你能做的，只有頭也不回地帥氣離場，即使背對他時淚流滿面、心痛心碎，也要堅強地走回自己的世界，給這段感情畫下一個比較好看的句號。

他不是情商低，是對你沒走心

萬特特

人生三大錯覺：手機振動、有人敲門和他很愛你。

這鍋毒雞湯，恰恰是現實生活中很多女孩的心理狀態。

一依沒談過正經八百的戀愛，所謂的曖昧都很快無疾而終。某天，一依告訴我她正式談戀愛了，她將「正式」兩個字又再重複一遍。聽說表白是一依主動的，男孩竟很快答應。於是，雙方的異地戀就此開啟。我們本以為兩個人會如膠似漆，但事實是男孩並沒有我們想像中的熱情。

一依每天醒來就會發訊息給他，既當鬧鐘又當天氣預報，遇見的每一件趣事都趕快傳送，怕不夠活潑可愛，還配上各種表情包。而這位被一依當成男神的人呢，回覆多以「哈哈」「呵呵」為主，極少主動關心一依的生活，更別說分享自己的生活給對方了。都說手機是異地戀的寵物，一依被朋友們評價為一隻異常活躍的手機寵物。

男神總是很忙，在旁人看來是敷衍，但一依解釋說：「射手座的男人都很慢熱。」

一依為男神織過圍巾，省吃儉用兩個月存下一點錢，坐十二個小時火車去他的城市，就為了在他生日當天清晨，拎著蛋糕出現在他宿舍樓下。而男神對一依做的這些事，只有兩個字可以形容，那就是無感。

室友們總是忍不住提醒一依：「他作為男生，對你的付出太少了。」一依卻仍洋溢著一臉母性光輝：「沒關係的，他被之前那一段感情傷得很深，慢慢會好的。」看得出來，即便男神送給她的，只是在網路上隨意買來的廉價禮物，一依對這段感情仍然充滿信心。

也許很多女孩心中，都有一顆當偶像劇女主角的心，總以為能靠自己的款款深情，讓浪子回頭，於是義無反顧地承擔起融化冰山的使命。

現實打起臉來總是特別響。這段單人努力的戀愛關係還不到三個月，男神提了分手，理由是還放不下前女友。而一依似乎連說「我不想跟你分開」的權利都沒有，就被通知恢復單身了。

她坐了十二個小時的火車去見他，他並不心疼；她苦苦熬夜，不願錯過他的任何一則回覆；她對他百依百順，言聽計從，失去自我；她高燒不退，卻仍惦記他是否吃了晚飯。卑微的她，恨不得把自己的心擺到他的面前。但這一切，真的有用嗎？

很多道理不是不明白，只是用在自己身上就會失效。我們怎麼可能不知道，美好的愛情哪需要費盡心機、百般討好。

一個人若不愛你，你再妝容姣好、溫柔體貼、閃閃動人，他就是看不見。你送他的糖是不甜的，牛奶不會香醇，三不五時問他：「在幹嘛呢？」「在哪裡？」，這些訊息在他眼裡，就和廣告信一樣，你在朋友圈那麼多示愛的小心思，他不關心更不會評價。好像花光所有力氣，都觸不到他一條心動的神經。

愛情從來不是乞討與施捨，不是付出了時間精力，就能換來那個人的全部注意。愛情也不是按勞務分配，多勞多得。現實中更多時候，我們上刀山下油鍋，頭破血流，傷痕累累，也換不來對方的一個回頭。他在你這兒是鑽石VIP，你在他那兒卻連入會的資格都沒有。

他若不和你在同一個頻道上，那麼即使你對他發射萬丈信號，也會統統落空。你恣意吵鬧，他不痛不癢；你傷心欲絕，他也不會慈悲安慰。他對你沒感覺、不來電，有什麼辦法呢？感動不是愛，領情不是愛，可憐更不是愛。他看不見你所有的愛，在你眼前，他只是個睜眼瞎子。

因為愛你不需要理由，不愛你同樣也沒有任何理由。就像那句話說的，除非是相互喜歡，否則，所有的一廂情願都只是心酸。

後來一依在微博上看到他說情話、秀恩愛，看到他送給另一個女孩輕奢品牌的新款包。一依終於明白他不是孤高冷傲，只是他想暖的人不是自己。

哪有什麼心傷未癒合，只是他根本不夠喜歡你。哪有什麼不願意主動，只是你沒達到讓他主動的標準。

面對感情，男人還是很耿直的。他表現出不在乎，就是真的不在乎。一切不主動、不拒絕、不負責的態度都只有一個原因，他不喜歡你。

夢晴問我：「一個人每天和你聊天，但是不約你出去見面吃飯看電影，這是喜歡還是不喜歡？」

最近夢晴經朋友介紹認識個男孩，每天和她聊天，甚至隨時報告行蹤。夢晴覺得他談吐不錯，工作上進，可以發展下去，所以天天陪聊，坐等他提出約會邀請。但這樣持續了一個月，這個男孩還是沒約她吃飯或看電影。夢晴一直暗示他兩個人聊得來，甚至明示說自己喜愛南方菜系，有家新開的餐廳不錯想去嘗嘗。那個男孩居然只回了句：「哦，那就去吧。」再沒有下一句。

我說：「現在這樣的男孩太多了，畢竟聊天又不用花錢，是吧？」夢晴一臉驚醒的表情。

他和你從早聊到晚，或許不是因為愛情，而是因為他很閒。你永遠不會知道，他

的微信裡有多少個和你一樣的聊友。你以為你是他的唯一，其實只是他的之一。你覺得他只是情商低，不懂你的明示暗示，其實他是沒把情商用在你身上。

很多女孩總會問：「如何才能知道一個男人是否愛我呢？」我想起一個男性朋友告訴我，他和他老婆當年談戀愛時，連洗澡的時候都會擦乾手來回覆她的短信。

你看，答案並不複雜，喜歡你的人對你永遠秒回，他想時時刻刻聯繫你，參與你的喜怒，洞悉你的哀樂，讓你在他的生活裡觸手可及。

他若愛你，自會披荊斬棘地來到你身邊，他若愛你，一定會對你特別用心。哪怕翻山越嶺，漂洋過海，他會買四十八小時的火車硬座，只為跟你解釋那些誤會。他會記得那些兩個人之間有意義的日子，只為告訴你他在乎你。

因為愛你，是他心裡無法抗拒的事。

真正愛你的人，會讓你住進他的日常，保護你的天真。彼此的過去或許沒來得及參與，但未來計畫裡一定會有你。他不是為了愛你而來到這個世界，但會因為你，覺得不虛此行。

我和你一樣年輕的時候，也對壞男人著迷過

卡西

周末，姊妹們在包廂拿著麥克風虛度時光。

時間快速地接近凌晨，眾人還沒有要散場的意思，我有些扛不住，便說明日清晨要早起上班，得提前回家。

阿若說：「親愛的再等一會兒，還有人要來。」

說話間，有人推門，是兩個男人，叼著菸，吊兒郎當的，T恤之外裸露的臂膀上，有清晰的刺青，斜著眼看了一圈房間裡的人，招呼也不打，逕自走向阿若的妹妹。阿若妹妹坐在我

左側，只見她露出欣喜的神色，有點嬌羞地說：「怎麼才來？」高個子男子撲通坐在沙發上，向後一靠：「正和朋友喝酒呢，一聽你這裡有情況，趕緊過來看看啊。」

阿若妹妹親暱地推他一下，聲音也嗲了起來：「哎呀！」

如此，一場姊妹聚會，很快變了味道，大家面面相覷，紛紛離場。阿若把不情不願又依依不捨的妹妹推上計程車，拉著我去了汗蒸館，一副通宵達旦訴衷腸的模樣。

阿若問我：「剛才那個男人，你覺得怎麼樣？」

我想起當時的場面，菸酒繚繞，痞氣十足，目無他人，連最起碼的禮貌也沒有，便說：「有點反感。」

阿若點頭：「我也是這種感覺，可惜我妹對他愛得如癡如狂，任憑我爸媽怎麼勸阻都不聽。就在剛才，你說要走的時候，我妹悄悄告訴我，她給那個男人發了簡訊，說她和別的小鮮肉在包廂裡喝酒，那個男人這才過來的。」

這種橋段也不算陌生，哪個女孩沒在愛情裡做過傻事呢？但以我跟阿若現在這個年紀，聽到這樣的故事，不免無奈，因為我們已經過了喜歡痞子的年齡。

據阿若說，高個兒男子家庭條件不錯，住在海邊的別墅裡，整日呼朋喚友，生活瀟灑，目前單身，但原先有過一段婚姻，還有個兩歲的女兒。

不知什麼原因，與前妻離婚，女兒跟著媽媽，他則擁有探視權。

男子與阿若妹妹透過朋友介紹認識，一向眼光挑剔的她卻輕易被俘獲，從此一發不可收拾，但結婚的事男子隻字不提。

妹妹哭著問阿若：「你說他什麼意思啊，我覺得他挺在乎我的，怎麼突然又說我們只適合做朋友呢？」

妹妹與男子，分分合合，吵吵鬧鬧，到最後只剩下她以別的男人來刺激他，才換來兩人坐在同一張沙發上。

即便如此，這兩個傢伙也不算男女朋友關係，男子若即若離，不說分開也不真正在一起。

年少的時候看古惑仔，覺得特別帥，便心心念念要找一個那樣的男人，有抽菸時迷離的眼神，有拿著酒瓶砸人的勇氣，有夏天遮不住的刺青，還有眉間藏不住的痞氣。

又或者他花心濫情，你不離不棄，並以此為人生之樂，即使被虐到遍體鱗傷，也要掙扎著匍匐前進，然後回眸一笑說，終於等到你。

再或者，雙方的愛是禁忌，但人就是這種越挫越勇的生物，家庭反對與道德約束皆不是砍斷情網的理由，反而使得當事人有了另外一種的惺惺相惜，飛蛾撲火不只是隨便說說而已。

像極了偶像劇裡的戲碼，無論眾人如何詆毀他、中傷他，她都堅定不移地相信他，相信自己是這部戲的女主角，他一定會摒棄所有的不堪，最終歸來，三媒六聘八抬大轎娶她過門，從此王子與公主過著幸福快樂的生活。

所謂「情人眼裡出西施」，沒有一種壞是真正的壞，沒有所謂的不合適，他的壞只是別人的誤解。對於陷入愛情裡的人來說，目之所及，全部是他的好，只要彼此相愛，其餘一概不管。

有的人正年輕，有的人年輕過。年輕時候的愛情，很多都因此夭折，太勞民傷財了。

越是不被看好的愛情，越是容易走不到最後，不是旁觀者清，而是當局者終有一天自食其果，驀然回首才發現：為什麼當初會喜歡上如此不堪之人？

可是，假如時光倒流，她也許會再次與那個後來瞧不上眼的人墜入愛河，愛情是膚淺還是深刻，全看你自身的力量。

你年輕，缺乏對事物本質的判斷，就容易看人只看表面，從而愛錯人；然而，我們年輕的時候，是不知道未來會發生什麼事情的。我們不知道未來會遇見更好的人，不知道安穩比漂泊更幸福，不知道愛情大可不必勞民傷財，而是和氣生財，也不知道一家三口圍在沙發上看電視，比深夜酒吧買醉更令人羨慕。

年輕是用來試錯的，即便所有人都反對你和他在一起，但你仍舊懷抱著無上的勇氣，躲在他懷裡想像著地老天荒。

當年輕的衝動過去之後，人是會在時間中進步的。你的擇偶標準，開始提升至對經濟條件、社會地位、是否有責任感、是否可以保護自己等多方面。有時候，想起從前，只剩下搖頭苦笑：不知道過去是如何瞎了眼，看上那個檔次的渣男。

張愛玲在《金鎖記》的開頭說：我們也許沒趕上看見三十年前的月亮，年輕的人想著三十年前的月亮，應該是銅錢大的一個紅黃的濕暈，像朵雲軒信箋紙上落了一滴淚珠，陳舊而迷糊。老年人回憶三十年前的月亮是歡愉的，比眼前的月亮大、圓、白，然而隔著三十年後的辛苦路往回看，再好的月亮也不免帶點淒涼。

才華洋溢如張愛玲，回首與胡蘭成的情愛過往，不知是悔，還是不悔。他年長於她，幾乎與她父親相仿。他無德，與她相識相戀之初，家中已有第二任妻子。他濫情，與她相戀之中，一朝異地，沒多久即與別的女子同居，恩愛非常，甚至到後來，他在她面前仍與別的女人訴衷腸，好一派妻妾融融的場面。他不忠，被千夫所指萬人唾棄，是人人痛恨得而誅之的漢奸。

在張愛玲的人生中，即便被他如此辜負，仍舊不忍心看他顛沛流離，即使分手，也要附上三十萬稿費，以此祭奠這場有始有終的愛情，然後他拿了錢，去了日本。

或許在她眼中，胡蘭成只是那個文采飛揚、風度翩翩的男子，他在某個時刻懂她，在某個時刻成了她心裡的支柱，世人面前驕傲的她因此墜到了塵埃裡，她的愛情，是塵埃裡開出的花。

也許，在女人的愛裡有太多想像的成分。某年某月的某一天，他出現了，成全她所有的期待與憧憬，她想要打造一場傾城之戀。她愛的並不是那樣一個男人，只是那個男人剛好裝了她的夢。她要的，是她當時所需要的。

阿若說：「我勸了妹妹很多次，威逼利誘全用上了，她也不聽。其實我很想告訴她，前不久我去參加一場活動，所識之人，男子紳士，女子優雅。所談話題不外乎金融投資、合作互利，如果你去了，看到的會是一個刺青痞子所不能參與的場合。」

她接著說：「可是，我知道我阻止不了她，因為我們都年輕過，也愛過錯的人，也對著他人的指點迷津而不顧，一心要呵護自己得來不易的愛情。」

是啊，不撞南牆不回頭，這才是真實的年輕人生，經歷過才會懂得自己要的究竟是什麼。當你年長，終於知道該如何繞開那些冤枉路，如何不讓自己受傷，不那樣跌跌撞撞；你也終於明白，當年的自己是如此的任性和幼稚。

可是年輕的時候，我們誰能成為自己的諸葛亮呢？

你總是沒辦法聽憑別人一句勸告，就放棄自己的堅持；你總要撞到頭破血流，才知道什麼樣的創傷藥最好。什麼樣的人不能愛，什麼樣的人會成為你小時候長過的水痘，一生只得一次，下次就免疫了。

但是，年輕可以試錯，人生卻不允許你一錯再錯，如果可以，在面對愛情的時候，適當理性一些。**年輕不是放縱的藉口，有些得不到回應的愛，有些消耗磨損你身心的感情，有些對你來說太「壞」的人，離開要趁早。**

和喜歡的人在一起，
你的智商夠用嗎

文長長

談戀愛真的會讓人變笨嗎？

我的回答是否定的。當然，笨的那部分還是會繼續笨下去，但是聰明的那些人只是表面上變笨了，其實還是很聰明的。

用一個詞來形容這種看似笨，實際很聰明的樣子，就是大智若愚。

如何去解釋這種大智若愚，大概是這樣子的：聰明的女孩子去談戀愛，她們往往不會使用平時對待別人的聰明，去對待男朋友，那樣就不是談戀愛了，而是合作，為了合作愉快。

她們會知道跟戀人相處，和跟其他人相處的模式是不一樣的，她們與戀人往往會有另外一套獨有的相處模式，例如偶爾故意犯點小錯、裝個迷糊，也就是前面說的大智若愚。

聰明的女生在愛的人面前，會故意變得很笨，可是那種笨也是另一種聰明。

我有一個朋友L，她就是這種會在談戀愛中，變得很「蠢」的聰明女生。

在沒談戀愛之前，L一個人走夜路回家，她會自己去買菜、換燈泡，甚至連飲水機的桶裝水都可以一個人換；而身邊的事情，她也都可以全部處理得井井有條，工作上是女強人，生活中又是獨立女性。

我曾經取笑過她，說：「你這麼優秀又獨立，還偏偏有點好強，適合你的優質男人，也肯定忍不了你比他還好還厲害。」可是在我取笑L不久之後，她談戀愛了，和A先生。

正如A先生的名字，他就是一個全A男，情商A，智商A，能力也是A。比L還厲害，配L簡直是綽綽有餘，這是我心裡面所想的，關於他們在一起的原因。

後來和A也熟了，有一次，我很認真地問了他這個問題，「你為什麼喜歡L啊？」A想都沒想，就說了一句讓我很不能相信的話：「因為L很可愛。」

聽完這句話，我的內心戲是，我怎麼不知道她可愛呢？認識L十年了，除了長得還不錯，孤高冷傲得像女神，她壓根就是一個女漢子。

可是在我和他倆一起吃完一頓飯之後，我終於明白戀愛中的L，為什麼會讓A覺得可愛。

那次我們吃的是西餐，牛排一上來，L就很自動地把自己的盤子推給A先生，因為她感覺A先生切的牛排比較好看；而A先生也很開心地幫L，就像照顧個小女孩那樣。吃飯期間，L還一直和A先生撒嬌說，他沒有提醒她該帶哪些東西，所以今天忘了準備……活像一個小迷糊，一點兒也不像我認識的L。一頓飯吃完了，我也摸透L和A先生的相處模式，就是賣傻，難怪會被A先生說成可愛。

當天晚上，我打電話給L，問她何時變得這麼蠢萌蠢萌的。L很直接地說了句，

「我把自己變得蠢一些，A先生也更喜歡我，何樂不為？」

其實，還不只這樣。

在戀愛中的L開始怕黑，然後A先生來接她下班，也讓他有更多理由陪她；L開始變得愛丟三落四，A先生也要每次去提醒她，或打電話或發訊息讓她別把東西忘了；L在A先生面前也不是女強人，會把工作遇到的難題來詢問他的意見，哪怕很多時候她心裡已經有答案；L也不再去換桶裝水了，因為她的力氣變小了。

看似L變笨了，但其實L還是L，在我們面前還是那個雷厲風行的L，她只是在A先生的面前裝笨。

所以，我們能下定義說，在愛的人面前，L變笨了嗎？不，其實這並不是變笨，而是另一種形式的聰明。

在愛的人面前，去弱化自己一些地方，讓對方覺得你需要依靠他；在愛的人面前，變得笨笨的，留下很多空間讓他幫忙解決，多給男朋友些許存在感；在愛的人面前，偶爾降低一下自己的外在形象，使男方覺得很有安全感。這不是笨，而是聰明人的套路。

在愛的人面前，相處的小問題不用那麼計較，也會變得沒那麼有攻擊性，偶爾犯犯迷糊、傻一下，有時智商瞬間下降五十，但這不是蠢，而是聰明的地方，讓男人覺得自己被女人需要，這何嘗不是感情世界裡另一種聰明！

在愛的人面前變得蠢一些，滿足男朋友的好勝心、自尊心，從而讓關係達到一個對她有利的狀態，為了最終雙贏的結果，從長遠看，這種「笨」也笨得很高級。

在愛的人面前，也許會變「笨」，但那並不是智商降低的一種表現，剛好相反。

中國人其實很難直接地去表達情感，而是需要一些手段，或者別的方法去鞏固情感。

例如，和男朋友在一起一段時間之後，某一天，你跟他說：「親愛的，我的朋友們都說，自從和你在一起我的變化好大，還被你寵得笨笨的。」你的男朋友肯定會很有存在感，會覺得自己的影響力很大，同時很滿足，因為你被他改變了那麼多。而他寵溺地對你說一句：「小傻瓜，誰說你笨啊，在我心中你好可愛。」他親暱地喊你小傻瓜，你就真的笨嗎？才不是，你的笨反倒使你們的關係更加親密。

網路上曾經有這麼一個說法，「那些永遠打不開瓶蓋的女生，都過著幸福的日子，那些自己轉開瓶蓋的女生，卻過著漢子般的生活」。那些女生真的力氣小到打不開瓶蓋嗎？並不是，只是她們學會弱化自己的能力，讓自己變得笨一點，反而給男生更多的存在感和滿足感。

偶像劇最常見的劇情，就是霸道總裁遇上傻白甜，但那些霸道總裁為什麼會喜歡她們啊？傻白甜，傻字就占了三分之一。經營一段感情，像是一個智力遊戲，有時候還偏偏需要用偶爾的笨，去好好地維護它。

用愛去灌溉，用聰明去經營，偶爾用你的一點傻氣，去讓你們的關係更加融洽，這才是聰明的方法。

我不相信在愛人的面前，那些聰明的女生真的會智商下降，我更願相信那只是她們大智若愚的另一種表現。

「我養你」這種話聽聽就算了，別當真

萬特特

生活要自己賺出來，別人的打賞，最好不要太期待。

「你負責賺錢養家，我負責貌美如花」，這句話可以在很多女孩的網路即時動態上看到。不願承受工作的壓力，在家悠閒地當全職主婦，或是生在富裕的家庭，一輩子不愁吃穿，大概是許多女孩一心嚮往的生活。

不諱言，「我養你」是一句非常動聽的情話，而且女孩子很吃這一套，說為此頭暈目眩、內心火花四濺也不為過。但是，親愛的姑娘，這話除非是你老爸說的可以百分之百相信，別的男人說的，就真的只是說說而已，千萬別傻乎乎地當真。

四年前大學畢業，同學徐徐因男友一句「跟我走吧，我來養你」，便隨他去了蘇州。男友家庭條件優越，自己又是外科醫生，收入可觀。這讓忙著四處投履歷找工作的同學們羨慕不已，當然也包括我。

畢業一年後，我再次和徐徐有了聯絡。與其說聯絡，不如說是聽她訴苦。

我記得那天已經凌晨，徐徐打來電話。聲音沙啞，顯然是哭過。

她反覆和我說起的一句話就是：「當初他說我不用上班，可以養我，這才過了沒多久，就用各種理由嫌棄我，現在矛盾越來越多，面對面除了吵架就是沉默。」

「這一年你都忙什麼？」

「剛開始的時候經常去旅遊、逛街，後來覺得沒什麼意思就看電視、看小說。」

「那你男友的工作忙嗎？」

「挺忙的，經常出差和進修，年底的時候升職加薪了。」

徐徐到了那邊之後，整整一年找不到適合自己的工作，每天除了做簡單的家事以外，就是偶爾看看徵人啟事，不是覺得這個工作不適合自己，就是嫌那個職缺薪水太低，於是一直拖拖拉拉在家待業。

我同情徐徐，也能理解她男友為什麼想分手。

因為男人愛意正濃時一句「我養你」，就卸下了自己對這份感情的責任，過著在家看肥皂劇、吃洋芋片的日子，完全沒有意識到自己已經懶散得不成樣子，和男友之間的差距越來越遠。這樣的女孩，是抓不住男人心的。

當你歲月正好、青春無敵的時候，男人說愛你的單純，願你不染纖塵，此生只生活在他的庇護之中。別急著指責他騙了你，所有男人在發誓的時候，真的覺得自己一定不會違背承諾。但是到最後，男人說和你沒有共同語言，跟你在一起覺得生活索然無味的時候，這些話也是真的。

一個人已經自信滿滿地走向全世界，另一個人只會窩在家裡的沙發上追劇，幼稚得像個寶寶。愛情這麼脆弱的東西，怎麼能抵擋得了人性的變化？

你可以單純，但不能無知。說愛你的時候是天地可鑑，不愛的時候也是很難起死

回生的。

「我養你」這三個字是愛你，也能廢了你。兩個人同行，走得慢的那一方，遲早會被拋棄。

徐徐的事讓我想起，前段時間以「一個男人愛你的最高境界，就是把你當成女兒來養」「嫁一個把你當女兒寵的男人」為標題的文章，在媒體平台瘋傳。這話簡直說到年輕女孩們的心坎裡，凡事由老公安排好，被捧在手掌心，放在心尖上，十指不沾水，不問生活艱難，只管陽春白雪、歲月靜好。生存壓力和感情歸屬都解決了，可謂一箭雙鵰，人生勝利組。

不可否認，女人要是能遇到一個寵愛自己的戀人，無疑是幸運的。但想要這份幸運能夠長久，恐怕還得有受寵的能力。

每一個經歷過愛與被愛的人，大概都有這樣的體驗。與其說我們質疑愛情本身，倒不如說我們無法估量它的有效期。愛情是一個美好有趣的過程，但這過程不一定是持續永久的，它不是感情的常態，更不是人生的常態。

男人可以對你溺愛縱容，有求必應。你的無賴任性、撒嬌蠻橫、恣意吵鬧，在他那裡自動轉化成天真、可愛、孩子氣。但男人也是肉身凡胎，不是神。是人就會有弱點、有情緒、有脾氣，會累、會煩、會懶得哄你。

如果拿「把你當女兒寵」當作挑男友、衡量老公的標準，就等於為自己的生活埋下一顆未爆彈。

未來某一天，你發覺他變了，不再是那個時時刻刻照顧你，且有求必應的「好好先生」了。因為他被工作煩得筋疲力盡，愁眉不展，回家還要聽你撒嬌「寶寶不開心」時，這顆炸彈就該爆了。

生活多殘酷，你怎麼可能永遠躲在另一個人的羽翼下，只需索寵愛，永遠不付出支持？

真正的寵愛，應該是互相照顧，互相影響。你所享受到的愛，也應該在寵愛你的人需要時還給他。而不是像個吸血鬼一樣，只知道從別人那裡得到養分。

對方憑什麼必須始終如一地寵你、愛你、呵護你？你又不是寵物！

對我來說，如童話故事女主角般存在的蓁子，在嫁入豪門後，過著出門有保姆陪伴，不工作也有不限額度的信用卡可以使用的生活。這個有老公愛護、兒女雙全讓我羨慕的女人告訴我，這並不是她想要的生活。

孩子出生後，她便辭掉工作。每天的生活，就只有家和兩個孩子，幾乎沒有自己的私人空間，更別說高材生的用武之地了。老公一直對她疼愛有加，但她心裡知道，自己和他之間的共同話題越來越少。雖然在我學不好函數的年紀，她已經獲得全國奧林匹克數學競賽的冠軍，但她過得並不快樂。

在我們那次小聚後不久，蓁子決定周一到周五把孩子交給婆婆和保姆來帶。她為自己安排每周三節創業培訓課，周五晚上練習芭蕾，並且取得母嬰品牌代理權，透過幾番波折後如願與電商平台合作，生意做得有聲有色。

聽說上周她參加了一場很有趣的讀書會，上上周她去了育幼院做義工，下午趕回劇院參加芭蕾舞表演。

我打趣她：「你老公這麼優秀，你還這麼拚做什麼？」

蓁子：「他的確養得起我，這一點我從不懷疑，但即便是這樣，他也養不起我的靈魂。」

不難看出，如今的女性不只要錢，更想要尊嚴；是在買個名牌包的時候，可以自己刷卡不必向人討要的自由感；是不想像隔壁王嫂一樣帶帶孩子、打打麻將碌碌無為度過一生。

這是一個女人把自身成長，看得比愛情更重要的時代，我們不需要透過一個男人，來滿足自己的願望。光芒萬丈的可以是男人，也可以是女人。

我在一篇文章裡看到這樣一段話：狹隘的愛情，是把對方當成全世界，當成獨一無二的神。為之步步為營，患得患失，機關算盡，最後只能是丟了自己，丟了愛情。而美好的愛情，是在各自的世界裡獨樹一幟。你是海洋，我是大地，我們在一起便是一片新大陸，生機盎然，柳暗花明。

「做得好不如嫁得好」，這種毒雞湯不要再喝了。你養我，我也養你，這才是能夠長久的愛情。你能靠自己，也能靠男人，這才是獨立的女性。

我並不希望女孩們在前行的路上，是孤孤單單的一人，能被愛被呵護的確是非常幸運的。**但你要明白，愛情是相互扶持，不是扶貧。婚姻是愛情的佳釀，不是物質**

的枷鎖。婚姻是兩情相悅一起走，不是走投無路求收留。

就像書中寫的：好的婚姻不是要成為雙方的拖油瓶，而是能彼此攙扶著一起走。帶著目的去結婚，只會給婚姻埋下定時炸彈。不要低聲下氣地祈求婚姻，而要堂堂正正地享受婚姻。

男人固然要有擔當，女人也不能逃避成長。

希望你有伸手向上的資本，也有伸手向下賺錢的能力，因為只有這樣，才會在擁有幸福生活的時候心安理得。

希望你既可以讓自己活得很好，也可以在愛人面前毫無芥蒂地依賴；你很獨立，但這不妨礙你有個可以依靠的肩膀。

你沒來，我等你。你來了，我們一起前行。

即使在感情裡，也沒有捷徑可以走

林小仙

不知從什麼時候開始，在女孩子所有美好的特質中，努力這一項好像漸漸消失了。

瑤瑤在夜裡打電話來，邊哭邊說：「今晚我想住你那，我和老公吵架了。」我趕忙答應，放下電話，從被窩裡鑽出來，準備睡衣、拖鞋和被褥，溫好牛奶拿出零食。坐在沙發上，默默等待她敲門。

瑤瑤和我在彼此最拮据的歲月裡相遇，那時我剛剛開始工作，她也才在職場一年。日子過得比較精打細算，出門吃飯都找當日特價，生活所需必用團購，月底也免不了吃幾天泡麵，過時的裙子和底部磨薄的運動鞋，就是我們的裝扮。

在那個合租的房子裡，倚在夜晚的陽台上，我們分享過很多心事和憂愁。

後來她在一次公司訂貨會上，邂逅現在的老公。但自她嫁人後，我這裡幾乎就變成她第二個家。我會在深夜裡被電話鈴聲驚醒，睡眼惺忪地聽她埋怨老公、抱怨婚姻，但每一次的爭吵，結局必定是幾天後她自己主動回家。她急匆匆回去的背影，透露她對那奢華的洋房、愜意的花園和貴重的衣物之惦念。她結婚的時候，我參觀過他們的住處，寬敞整潔，花園搖椅，也就大概理解她為何急著搬出租屋處了。

瑤瑤搬走後，我一個人支付不起整間房子的房租，於是又開始四處尋找便宜的住房。瑤瑤有些過意不去，便熱心地把她老公身邊的朋友介紹給我，又對我進行一番苦口婆心的說教：「工作做得再好，不如嫁得好，你自己衡量衡量。」

我從來不認為自己是個清高的人，加上瑤瑤的盛情難卻，我去見了那個聽說條件非常好的小夥子。那是一場特別讓人失望的見面，在聊天中，我發現這個或許有著七位數存款的人，其生活的開心指數，還遠不及沒什麼存款的我，他的日子裡只有遊戲、睡覺、泡夜店，剩下的時間都用來發呆，他微信的個性欄裡寫著兩個字：無聊。

可是我還是猶豫了一瞬間，在心底幻想了一下成為少奶奶的日子——自己悠閒地躺在陽台的藤椅上，翻看一本很喜歡的書，配一杯口味醇正的英國紅茶，而我的丈夫正在電腦前專注地打遊戲，根本不知道東野圭吾是何許人也。我的思緒戛然而止，身邊一陣涼風吹過，我不禁打了個寒顫。

最好的婚姻，是精神上的門當戶對。

這門當戶對真正的意義，不僅僅指門第和出身，更是指價值觀和生活態度。決定兩個人能不能在一起，可能只是一種瞬間微妙的感覺。但決定兩個人能不能長久相處，恰恰是相似的三觀（人生觀、價值觀、世界觀）和共同的生活目標。

溫蒂留學時為了賺取下一個學期的學費，除了上課就是打工。在咖啡館打工的時候，認識一個女孩。那女孩很漂亮，從頭髮到高跟鞋，都經過精心的修飾。她每天都會來喝一杯摩卡，坐在角落裡，審視著每一個看起來還不錯的男人。偶爾，女孩會帶不同的男人來咖啡館聊天，男人請她喝咖啡吃甜點，她秀出誘人的事業線，卻總是沒什麼結果。

有一天，女孩和溫蒂說：「以後我不能每天都來這裡了，因為錢越來越少，簽證也快到期了。現階段的目標，就是練習英文，趁著簽證未到期前，嫁一個有錢有緣卡的老公。」

溫蒂問我：「不是只要自己一心一意地努力，日子就會蒸蒸日上的嗎？」我竟一時不知該如何回答她。

我想起四年前，自己第一次來到這座陌生的城市，所有人都告訴我，如今工作多麼難找。在我的租屋處旁邊是一棟高級公寓，明亮的落地窗透著小資的高雅，那時候我在心裡和自己說：「你要再努力一點，依靠自己的力量，住在那樣寬敞整潔的房子裡。」

就在我為了一個個微小的目標，奮鬥得不亦樂乎時，總會有人好心地提醒我婚姻的實惠。沒有人去在意小人物式的努力，大家更推崇的是一夜麻雀變鳳凰的奇遇。

婚姻的確是一生一次的託付，但你託付給那個人的，應該是愛意，而不是人生。

把命運緊緊地抓在自己手裡，才能活得有尊嚴有底氣，內心也才能真正自由、坦然。

朋友圈裡的鹿角小姐，普通家庭出身，到寧波工作七年有餘，加班到天亮是常有的事；住過冰冷潮濕的地下室，周末冒雨送過外賣，如今三十歲出頭，有車有房，有顏有品，堪稱尤物。理所當然，土豪級的追求者眾多。

喜歡 LV？好，來全套。

想去散心？好，馬上訂頭等艙。

喜歡 BMW？新車開到家門口，鑰匙交到你手上。

尋常女子，在這樣的金錢攻勢下，早就飄飄然了，但鹿角小姐沒有。她皮包裡的現金、卡裡的存款幫她鎮著，腰就沒那麼軟，人就沒那麼容易屈服。她拒絕所有誘惑，告訴對方：我真的不喜歡你，不用再送了。然而，有底氣說這句話的，放眼四周，少之又少。

鹿角小姐最後嫁給一個留學歸國的醫生，謙和乾淨，溫文儒雅。我看過他們一起旅行的照片，當時反覆想到的一句話就是：金童玉女，一對璧人。

然後想起她曾經說過：「我之所以認真做人，努力工作，追求經濟獨立，就是因為不想變成生活的奴隸。當有一天我站在我心儀的人身邊，不管他富甲一方，還是一無所有，我都可以張開手臂坦然擁抱他。他富有，我不用覺得自己高攀，他貧窮，我們也不致落魄。」

有人說，如今多數女孩在婚姻選擇上，將官二代、富二代，甚至官一代、富一代，當作最佳擇偶條件，對品行倒沒那麼看重了。然而，將錢當成最重要因素去選擇的婚姻，多數與瑤瑤的下場相似。

愛是一種奢侈品，只有把自己活成奢侈品的女人，才配得上它。

作為女孩子，當你收入可觀、存款有餘，就不用再關注淘寶降價資訊，不用在菜市場討價還價，不用常年塗抹低廉的劣質化妝品，不用一談起旅行，就冒出三個字「浪費錢」，不用多年租住地下室，不用一生擠公車，不用苦苦暗戀一個高富帥，但一想到窮酸如我，最終望而卻步。

你可以愛自己所愛，響亮地說「不」，也可以自信地說「要」。你可以把日子過成一本精裝的詩，時而簡單，時而精緻，而不是讓日子過成一首時而不靠譜、時而不成調的悲歌。你可以不用為了安逸的生活，委曲求全地接受一個能提供這些的人，然後，忍受他的奇葩行為、荒謬三觀。

如果把婚姻當成謀生的工具，你要當心，一旦他翻臉，你會滿盤皆輸。靠人終不如靠己，你才是自己最忠實的支持者。

後來瑤瑤不再幫我介紹男朋友，在第N次離家出走後，她披頭散髮地坐在床邊說：「其實，我還挺懷念和你一起租房子的日子，我們像是姊妹般相互照應。你念過一篇文章給我聽，裡面有句話我還記得，當時我們都很喜歡。」

「是嗎？我忘記是哪一句了。」

「只要自己肯上進，日子根本沒有過不好的道理。」

她美麗的臉龐上帶著憔悴，我上前輕輕地抱了抱她。

一個女人過得好不好，與她所嫁之人確實有關係，但絕不是唯一的關係。不幸的是，當一個女人把自己的命運推至男人身邊，習慣把男人當作安全港時，她一生禍福，全由這個男人主宰，那是多麼可悲的一件事情。

這種盲目託付和過度依賴，既是對自己的不負責任，也是對婚姻的不負責任。

我很喜歡的一位作家曾說過：「這世上哪有值得託付一生的男人啊，若依靠，應是彼此依靠，若需要，應是互相需要。絕不能是我把自己交給你，由你處置，或者我完全仰賴你、依附你，一旦你抽身離開，我便立刻陷入絕境。」

任何一個獨立的成年人，都沒有理由把自己託付給另一個人，你的人生必須永遠是你的。

我和所有的女孩一樣嚮往美好的生活，各色裙裝、全套色號口紅、後背包、手提包、錢包都喜歡。可是對一個女孩來說，她最終的生活，包括自己的愛情，都應該是奮鬥而來，才不必誠惶誠恐，不必害怕失去，也才可以更加從容而且堅定。只因為她懂得，此時此刻，站在那個人身邊的自己，無論哪個方面，都是足以與他相配的，她並不害怕，因為，她終於有足夠的自信，去抓住屬於自己的一切。

人人都指望能夠低投資高回報，在我們對生活提出很多很多要求前，得先對自己有要求。每個平凡但有野心的女孩，都希望自己能夠獲得一位英俊多金的成功男士青睞，然而只有努力，才能給自己翻盤的機會。

在這個真實的世界裡，即使在感情裡，也沒有捷徑可以走。

可愛心機

愛是一種奢侈品，
只有把自己活成奢侈品的女人，
才配得上它。

你這樣優秀的女孩，不適合當老婆

沒故事的J小姐

朋友圈的某企業家，發表了一個睿智的觀點：奉勸身邊那些獨立自主，非要與男人爭半邊天的傻姑娘，太強勢了沒人敢娶，真正聰明的是那種看起來嬌羞文弱，對男人有依賴感的女孩，都被男人爭著搶著娶回家了。

我在下面回覆：「X總，你是覺得女孩們都把嫁人當成人生目標了嗎？」他很快回覆我：「你這種女孩啊，真不適合當老婆。」

「嗯，謝謝你誇獎我！」然後我默默封鎖了此直男癌患者。

仔細想想，圈子裡真有兩個在直男

癌眼裡，極不適合當老婆的典型代表，但是，她們都嫁人了！

郝佳，身高一八一，還非得穿高跟鞋，歐美品牌的衣服隨便穿一件都是名模氣質。再加上律政佳人的英氣，走到哪裡都是一股強冷空氣。

首先，這外表就不符合直男的駕馭心理，偏偏她的智商又極高，上通天文下懂地理，邏輯縝密，還修過心理學。她不喜歡的人當她面吹個牛，她立馬找個漏洞啪啪打人臉，所以，圈內盛傳她情商低，連給她介紹對象的都沒有。

很多人勸郝佳，高跟鞋就別穿了，口紅換個親和一點的色號吧，男人說點什麼你能不能假裝不懂啊？

郝佳總是翻白眼，「我找男朋友還得靠演技啊，男人自己不自立自強，關我什麼事，要我的高跟鞋和大紅唇背黑鍋？」

後來郝佳嫁給了老馮，一名 IT 男，身高一七八的他，站在穿高跟鞋的郝佳旁邊矮了一截。他說：「老婆，挽著你顯得我特別有錢啊。」

郝佳和老馮算是網友，某歷史論壇上認識的。郝佳說：「當時從老馮發帖的字裡行間，就能看出他有極高涵養，非審判型價值觀，特別包容，太適合偏激的我了，再一聊發現都在蘇州，還單身，當時就決定他是我的人了。」

說不上誰追誰，兩人就在一起了，現在都生了兩胎。老馮叫郝佳傻大個，郝佳喊他馮東坡。郝佳說：「馮東坡沒事就把唐詩宋詞、打油詩、現代詩挨個禍害一遍，寫得不怎麼樣，但是我看著就是歡樂，特別歡樂。」

老馮說每次看到郝佳氣質超群在法院裡唇槍舌劍，氣勢磅礴，心想：「那就是我老婆，真驕傲。」

恩琪在一家跨國公司任高級公關經理，明眸皓齒，巧笑倩兮，風情萬種，特愛漂亮。我與她見面時，還沒看過她穿同一套衣服。嫵媚、性感、高情商、工作狂、女漢子、毒舌、敗家，這些都是她的標籤，根據不同的需求場合隨時切換。

和郝佳不同的是，恩琪的戀愛經歷非常豐富，愛過玩搖滾的、搞藝術的、事業型的、經濟適用型的、國內的、國外的……她從不避諱談起，還說每一個人都給過她很多美好的回憶，讓她成長，更懂自己想要什麼。

恩琪的社交應酬不少、異性朋友也多，經常聊天聚會，一切都讓她看起來不像一個好女孩。很多人都說她適合做情人、做紅粉知己，就是不適合當老婆，理由是一般男人駕馭不了。

後來，她嫁給大麥，小她兩歲的體育編輯，收入也比她低得多。據說當時大麥家裡不同意，覺得恩琪看起來不像正經過日子的人，大麥據理力爭：「她是一個特別好的女孩，娶了她我的後半輩子肯定豐富多彩，換了誰都會差一截。」當她婆婆笑著把這則訊息拿給恩琪看時，她淚流滿面。

大麥的網名叫「恩琪家的廚子」，因為她說吃了半輩子餐廳，膩了。他的桌面上有個資料夾叫「恩琪的飼養指南」，打開一看，全是食譜。

大麥各種體育賽事都要看，恩琪現在已經是個各種球類競賽的球迷。她說大麥真厲害，好多運動員的名字和特點居然都記得。

現在，恩琪的應酬越來越少，工作狂的特質也弱化很多，和大麥過著美好的小日子。我們問：「你當初是怎麼看上大麥的？」「他說我可愛，像個小女孩。」

郝佳、恩琪還有我，是很多女孩的縮影。我們知道自己的矯情在何處，知道什麼一定不能將就。所以我們勤奮、努力、拚命，在獨行的日子裡，也能強大地對抗這個世界的善變。

所以我們就成了不適合當老婆的那類人。是的，普通男人喜歡駕馭，這緣自他們雄性動物的滿滿權力慾。他們常說某類型的女孩駕馭不了，且認為一個女人拒絕一個男人，一定是因為男人沒有富有到不被拒絕的程度；他們有錢就自以為可以去駕馭一切女人，沒錢就靠歧視女性來維護男性尊嚴，思維還停留在用物質去獲得交配權的原始時代。

像老馮和大麥這樣的男人很少，他們的物質條件並不突出，但是內心豐盛富有；他們既能欣賞她們與這個世界的相處方式，也能看到她們本質上就是個需要被寵愛的小女孩。

和那些物質支撐自信的直男不同的是：他們知道自己有著強大的能量，這能量足以讓他們欣賞優秀的女人，願意為她們的成就鼓掌，不嫉妒、不自卑，不介意別人的看法，努力經營自己充實富有的生活。

所以，女孩們，如果你被人說不適合當老婆，就當是一種誇獎吧，證明你美麗、聰慧、上進。相信總有和你同步進化的男人來到面前，看穿你的保護色，對你說：

「嘿，小女孩。」

世間所有的內向，都只因聊錯了對象

萬特特

把天聊死，是一種怎樣的體驗？

在一個訪談節目裡，嘉賓聊到創業初期的辛酸歲月時說：「我當時坐在飛機上看著那個月亮，圓圓的月亮，萬念俱灰，真的就覺得……」

這時，主持人突然插了一句：「坐飛機怎麼能看到月亮？」雙方都愣了幾秒，她自問自答，「啊，透過窗戶能看到。」

「呵呵，呵呵呵。」嘉賓尷尬地笑了。融洽的氣氛被破壞得一乾二淨。

兩個人聊天，卻不能進入對方的頻道，一句突兀的話，不但沒有刷出自己的存在感，反而把天也聊死了。

知乎上也有人問過相似的話題：聊天不在同一頻道上是什麼感覺？

「從來沒覺得空氣都是打擾。」

「我說三毛，你說是三毛漫畫嗎？」

「明明很生氣，卻還是要保持微笑。」

「我說的你聽不懂，你說的我全知道。」

「好像《百家講壇》和 TVB 電視劇同時播放。」

「談到『不朽』，一個在說落落，一個在說米蘭．昆德拉。」

「我說想玩沙，你帶我去撒哈拉，但我愛的卻是沙灘上浪花拍打的沙。我心中吐血，臉上還得面帶微笑，想要呵呵呵（微笑的意思），你卻以為我在說棒棒噠（很棒的意思）。」

網友們的回覆雖帶笑點，卻句句說到心坎裡。

我們身邊總有一些人，你還沒說完，他就打斷你。你剛解釋過的問題，還要重複問上好幾遍，他卻有一句沒一句地回應著。原本兩分鐘就能講完的事，解釋兩個小時還未結束。時間浪費不少，更煩心的，是不能有效地解決問題。

那麼，兩個能聊得來、說得上話的人是什麼樣子呢？

有人這麼形容：他總能接上你拋給他的點，並且又拋回來一個，像說相聲一樣，過程中你還一直在笑，能做自己不用假裝。

說話不累，成了人與人相處的第一門檻。

毋庸贅言，沒有人天生喜歡孤獨。人總有和人聊天的渴求，渴望靈魂被了解。整形醫院大行其道的今天，美貌讓人對你更有興趣，從而去找你聊天、去認識你。但是，它還遠遠不能把你帶到更高的層面。

如果你沒有其他東西讓人對你保持興趣，那美貌也就是五分鐘的事。

如果一起生活的人，無法與自己談天說地，推心置腹，那婚姻不過是彼此孤獨的見證者。

我想起一位年長我一些的朋友。他和妻子結婚快二十年了，他的太太容貌普通，穿著質樸，但眼睛裡總是閃著光芒。

直到今天，只要他說出想去探險的話，妻子眼光就會立刻亮起來：「好啊好啊！什麼時候出發？」

雖然和同齡的人比起來，他仍要面對車貸房貸、孩子教育的問題，可是他從來沒有覺得生活無趣，婚姻令人疲乏。他們一起在花盆裡挖過蚯蚓，一起在水槽底下種過豆芽。

他的另一半從來都沒說過：「這東西有什麼用？」其實很多女人都不知道，這句話一說出，她的好奇心就死了，讓對方頓時失去繼續聊天的慾望。

真正對這個世界感興趣的人，一定特別會聊天。

從宋美齡到馬克．祖克柏的太太，你一定會發現，真正討人喜歡的女人，是一個真心對世界有好奇心的女人。她們真的喜歡打高爾夫，真的對馬術有研究，真的去羅馬尋找電影中的景色，真的潛水去海底拍魚群……

在她們心中，山水含笑，草木有意，四季交替，萬物有情，這些事情於她們也是重要的，而不僅僅是男人是否關注這些。她們愛這個世界，真心的。

所以，一個會聊天的女人，必定是腹有詩書，思維發散。不論和誰在一起，她是真的有很多的話可以聊，不僅僅限於家長里短。聊天的時候，會讓人忘記她的性別，而僅僅專注於聊天的內容。

有一次看《金星秀》，嘉賓是單眼皮男神趙又廷。

內斂低調的趙又廷，坦言自己個性比較宅，也很無趣，但和高圓圓在一起時，兩個人的話會出奇地多。在剛剛認識時的聊天中，兩人發現彼此三觀一致，情趣相投，不論什麼話題都能說到一塊兒，話一出口，一拍即合。

他的話不禁讓人有此想像——妻子上灶掌勺，丈夫在一旁拿碗放筷。兩雙手一起料理油鹽醬醋的美食，兩張嘴爭先品嘗甜言蜜語的私房菜餚，男人談笑風生，女人笑語盈盈。

要是一言不合，還可以多聊幾句試試。要是千言萬語都不合，還談什麼戀愛？可見，**聊天是件需要棋逢對手的事，世間所有的內向，都只因聊錯了對象。**

如今，很多女孩子遵循一種愛情觀——要嘛有很多很多的愛，要嘛有很多很多的錢。

事實上，婚姻不是非此即彼的單選題，除了愛與錢，更是兩個人在一起吃很多很多的飯，說很多很多的話。對方既然能夠在日日相對、夜夜同眠的生活中，與你共繪一幅你愛談天、我愛笑的好景致，又怎麼可能對你不是知冷知熱，不把你放在重要位置上呢？

兩人約會，吃遍珍饈美饌總會乏味，看完電影總要散場，其實約會的本質就是溝通。以後你們要面對的最漫長遊戲，就是彼此心靈赤裸裸地相處，用言語吸引對方，靠交流去構建你們二人之間的奇妙場域。

我想，一個真正的愛人，就是能和你言無不盡而意猶未盡的人。

漫漫人生路，要想少一些寂寞清冷，除了交幾個能夠東拉西扯的朋友，更要選擇一個可以談天說地的伴侶，等到執子之手與子偕老時，依然有人陪你談天說地，多好。

所以，先成為一個會聊天的人，再去談戀愛吧。

永遠別試圖踮起腳尖去愛一個人

楊楊

算命先生說小趙七月時會紅鸞星動。碰巧的是，剛入七月，還真的有人幫她介紹男朋友。聽說是在國外讀完法律剛剛回國，長相俊秀，家境殷實。

於是，萬年單身的姑娘終於脫單了。每隔一段時間，死黨們自然要八卦一番。

有一天小趙在群組裡沒頭沒腦地發了一句：「我以前怎麼沒發現自己這麼差勁？從前你們為什麼不提醒我？」說是群組，也不過是五個閨密組成的小群。小趙突然這麼一句話，著實驚了我們一下。

小趙雖不是什麼富家千金，但憑著自己的努力，如今也是個資深白領。找男朋友還是有自己內心標準的，而且她可是我們幾個裡，第一個敢穿露背裝的女孩。她的畢業論文，都是圍繞女權議題展開的。

到底發生什麼事，會讓一個這麼有自信的女孩，說出如此否定自己的話？

小趙給我們介紹了一下她這位「優秀」的男朋友。

小趙發了幾張美美的旅行照給對方，對方只回覆一個笑臉的表情；小趙說自己喜愛南方菜系，有家新開的餐廳不錯，想去嘗嘗，對方回了個「哦」；小趙約他去看電影，對方不是加班沒時間，就是下班要聚餐；小趙在午休時間找他一起用餐，對方卻說自己不在公司，其實那個男人明明就坐在休息室裡玩《王者榮耀》。

愛情這幕對手戲，完全變成小趙自導自演的獨角戲。

對方已經把你的一片真心撕得七零八落，你卻還在一次次低聲下氣、忍耐遷就，雙手捧上那顆被卑微籠罩的真心，含情脈脈地說：「我在這裡，你看得到我嗎？」

但對方呢？應該是連眼皮都懶得抬一下吧。

別氣急敗壞抱怨命運在你的生活裡安插一個渾蛋，那分明就是你自己面帶笑容、深情款款地往坑裡跳的。

小趙身高一百七，雖非細腰不堪一握，但也是勻稱有型。有次難得兩人一起逛街，小趙滿心歡喜地，穿了一件很顯膚色的紅色吊帶連衣裙去赴約，對方看到的第一眼，說了句：「原來你喜歡這種鄉村顏色啊。」這條裙子就被小趙掛在衣櫃最裡面，再也沒穿過，並被她在心裡貼上羞恥的標籤。

由於工作壓力大，小趙的額頭上偶爾冒出幾顆痘痘。對方便一臉嫌棄地問她，可不可以下次見面之前畫好妝？

一個姊妹怯怯地問道：「這男的不是在玩幽默吧？」

小趙猶豫了一下：「我也不知道，但是他昨天還批評我背的包包難看，口紅色號不適合。不管是不是真的，我心裡真的不舒服啊！」

我實在是聽不下去了，忍不住打斷：「人家都這麼明顯嫌棄你了，還問真的假的。」

姊妹們頓時安靜下來。

恕我直言，這種喜歡用語言暴力打壓你，來獲取自我優越感的男人，離得越遠越好。

對方喜歡齊耳短髮，小趙剪掉了心愛的長髮；對方喜歡打遊戲，小趙盤算著幫他買個什麼樣的滑鼠和鍵盤玩得更靈活；對方喜歡運動鞋，小趙託朋友從美國寄回一雙限量版球鞋送給他……

儘管她做了這麼多事情，男人對她依舊是不冷不熱的態度。在朋友面前，還擺出一副高高在上的模樣。

幾個月之後，小趙對我說：「我決定分手，我覺得自己好累好累，像是快窒息了。」

我想，小趙一定是徹底寒了心，才知道什麼叫作「自作多情」。

一個人若是心裡有你，你根本不必討好；若是心裡壓根沒有你，那更加不必。

不對等的戀愛關係，說到底都是深情的那個人賦予對方的權利。愛情雖然沒有絕對的公平，但長期嚴重失衡，一定是不會長久的。若不想下半輩子都活在自卑的陰影裡，趕緊遠離那些不欣賞你的伴侶才是上上之策。

永遠都不要踮起腳尖去愛一個人，一開始就重心不穩的感情，遲早是要垮掉的。與其厚著臉皮、忍著性子去取悅一個不可能的人，還不如忍痛放手，成全他也成全你自己。

別再信「不放手的才叫真愛」、「愛一個人就是卑微到塵埃裡」這種話，在現實的愛情裡，即便是你卑微到塵埃裡，也開不出一朵花來。

愛情不是一件透過努力就能實現的事，你再怎麼取悅迎合，也填不滿感情的無底洞。愛情很美，世界也很好，但如果你身邊站錯了人，那你的全世界也就都錯了。

父母辛苦將你養大，可不是為了讓你在一個男人面前委曲求全、痛苦不堪的。你在父母的寵愛裡長大，你要找的，也是一個能給你呵護、懂得欣賞你的人。

你只有在這樣的感情中才能真正成長起來，透過這樣的感情來感受這個世界的美好，他會讓你懂得如何看清自己，進而完善自己，變成越來越好的自己。

小姐，你喜歡的人也是凡人，是你的喜歡為他鍍上金身。

切記，不管你愛上誰，都不要在感情過程中忽視自己的感受，忽視自己在這段愛情當中，是否真的獲得快樂。

你這麼獨立，不是為了沒人疼

萬特特

——

大部分人單身久了，不懂得怎麼去愛。大部分女孩單身久了，不知道怎麼被愛。

芒果有一天突然問我：「我的條件也不差啊，怎麼沒人追呢？」如果換作別人，或許會說他們瞎了眼吧。但我笑笑說：「因為你的腦門上，寫了『獨立自主新女性』這幾個大字。」

芒果翻了個碩大的白眼，我接著說：「你知道自己像一隻特立獨行的貓嗎？不是在主人懷裡賣萌的那種，而是走在房梁上、屋頂上的那種貓，所以喜歡你的人只能遠遠地看著，望而卻步，抓不住也摸不著。」

或許是第一次聽到我這樣評價她，芒果怔怔地看著我，半天沒回過神來。

她算得上是當今標準的「三好女孩」，家境好、工作好、臉蛋好。經濟上獨立自主，生活上有自己的朋友圈，工作上小有成就，閒暇時間還有自己的興趣愛好。餓了不會撒嬌，只知道買東西回家自己煮；迷路了不會問路，只知道拿出手機自己看地圖；遇見喜歡的人不會主動，只等著做候補；看上眼的東西不會告訴別人，只會努力賺錢買給自己。不誇張地說，你買一袋白米放在那，芒果也能幫你扛回家。對了，去年我家的馬桶壞了，就是她幫忙修好的。

像芒果這樣特立獨行的小貓，在受傷的時候，會跑到一個安靜無人的地方蜷縮下來，用自己的舌頭去舔傷口，讓它慢慢癒合。這樣的女孩，似乎強大到能夠治癒自己所有的傷痛。

你總是懂得如何照顧身邊的人，久而久之，別說身邊的人了，連你都忘了自己也是需要被照顧的人。

聽朋友講過這樣一個故事。Amy芳齡三十，為人耿直，做事冷靜。她有著高於一般女孩的理智，那些選擇綜合症、口是心非症之類的，和她完全沒有牽連，做任何事情都果敢決斷，沒有絲毫遲疑。對於婚姻這件事情，可謂是固執到偏執。

Amy在讀大學的時候，有一位非常優秀的男朋友。從個人成績到組織能力，都十分出色。兩人畢業後在同一個城市工作，按理來說，一切都應該是水到渠成的。但喜帖還沒收到，等來的卻是Amy和對方提出分手的消息。

在大家的輪番逼問下，Amy終於吐露實情。

她說自己這些年一直在想，該找一個怎麼樣的人共度一生。男友能力爆棚固然好，但在性格方面，對方凡事喜歡做主的意識，卻不是她想要的，在她的心裡，只想要一個聽自己話的男朋友。

在場的姊妹們，都無法理解她的想法，大多數的女孩，不都是想找一個堅實的肩膀依靠嗎？為什麼她要反其道而行呢？

Amy如今的性格，大概是從小養成。在其他女孩把玩洋娃娃的時候，她已經學會爬高爬低，下場踢球。家人認為天性使然，並沒有對她有所約束。即便她骨子裡，仍有著渴望被呵護的小基因，卻也抵不過性格變得越來越男性化。

在面對愛情的時候，她既想要疼愛也想要依靠，既想要做主也想要自由，她總是無法做到適時地示弱，這樣的性格讓她自己也很苦惱。男友雖然對她非常好，但兩個人也時常會因為一點小事火星撞地球。

於是，經過再三思考之後，她做出分手的決定。Amy 後來嫁的人，是典型的小男人，凡事都隨著她。我經常看到她雷厲風行地做著事情，男人就跟在後面笑嘻嘻地讚美。

在戀愛的時候，這樣女強男弱的狀態看起來好像挺幸福的，可是結婚以後，各種問題就會顯現出來。大大小小所有的事情都要她來拿主意，對一個女人來說著實操心。

她偶爾也會抱怨男人什麼都不管，也會懷念前男友可以獨當一面的生活，但她依然固執地認為，這才是最適合自己的方式。

任何事情都是兩面的，無法說 Amy 嫁給誰會比較好，但我想，如果不是她在任何關係中，都想要占到上風的性格，她一定不會抗拒同樣優秀的對方，與自己共同生活，不會放棄曾經那段如此契合甜蜜的感情吧。

過分的要強，或許恰恰是因為內心對被愛的極度渴望而不得。過分的獨立，其實也是不懂愛。

如果說 Amy 過分要強，那麼我的密友 Judy 便是生活太「獨」的典型。

在我們每天背著父母，偷偷看漫畫書的年紀，Judy 已經學會每晚監督自己寫作業了。凡是她想考的證照，沒有一個拿不到的。凡是她想學的樂器，沒有一個學不精的。

在大部分人做事三分鐘熱度的時候，她總是能夠用驚為天人的毅力，讓我們無地自容。

Judy 在紐西蘭留學畢業後，便在當地找到一份喜歡的工作。七年獨立生活的時光，讓本就自律能力超強的她越過越「獨」。雖然她也喜歡參與團體活動，但真的無法長時間和一個人生活在一起。她也因此困擾過。

這些年，有幾個不錯的男孩追求過她，外國的高鼻梁帥哥、金融界後起之秀、收入頗高的 IT 男等，Judy 也曾試著和他們交往，但最終都因無法忍受他人來擾亂她的生活，而以失敗告終。她將生活安排得井井有條，其中有一小塊是公共時間，除去那一塊外，就全部是屬於她自己的，神聖不可侵犯。

就在昨天，我接到 Judy 的電話。

「親愛的，我在土耳其坐熱氣球呢。景色太美，不打給你分享真是可惜了。」

「又是一個人出去？」「當然。」

「什麼時候回來？」「還沒決定。」

「讓熱氣球把你帶走別回來了。」「哈哈，不說了，我要在空中許願了。」

其實，有時候我會羨慕她追求自由的勇氣，因為她不怕面對任何突如其來的未知，她知道自己能全部搞定。但是，這樣的她或許不是不怕孤單，而是早已適應了孤單。留學和工作的幾年裡，形單影隻成了她生活的常態，所以身邊多一個人的時候，才會讓她感到不自在。

但我一直相信，或許某一天Judy會遇見一個人，讓她可以學會接受疼愛，放下心中的桎梏，迎向吵吵鬧鬧、接地氣的凡常生活。

每一個看似一座孤島的女孩背後，大概都有一則心酸的故事，和一段孤獨的日子。沒有人天生就是這樣，她們一定也有想要柔弱的時候，卻在渴望依靠時，沒有那個屬於自己的懷抱。

如今，更多的女性希望展現自己的價值，所以她們變得非常獨立、強勢，遇到困難從不肯求助、示弱，甚至要求自己像男人一樣堅強、競爭。這樣的獨立是一種「陽剛味」很重的獨立。

強大的確讓我們活得更安全，但它就像鎧甲一樣，一層又一層地將我們包裹，把自己和情緒、情感隔離。時間久了，我們的內心變得堅硬，缺乏敏銳和柔軟，無法體驗和感知到許多細小、平凡的快樂，甚至無法觸碰到真實的自己，無法過著一種更真實的生活。

我們的身上，似乎都缺乏一種柔軟的物質，喪失了輕盈的生存姿態，拖著重重的鎧甲，活得辛苦又疲憊。我們好像都忘了，世界上還有「示弱」這件事。

堅強獨立和示弱依賴不是矛盾對立的，堅強獨立並不代表完全不依賴他人，適當示弱也並不是懦弱失敗的表現。一個成熟的人應該是堅強獨立，但也允許自己示弱依賴。

作為女孩，這一生有兩件事是需要學習的，一個是獨立自主的能力，一個是依賴他人的勇氣。

曾經我也覺得，像 Amy 和 Judy 這樣披上盔甲的女孩，是有魅力、有安全感的，還很迷人，值得欽佩的。我也一度把她們當成榜樣和目標。

但兜兜轉轉後才發現，當我們卯足了勁，標榜沒人能夠傷到自己的那一刻，我們忘記了，生而為人，肉身凡體，在生活的鋼筋水泥裡穿行，殺敵一千，怎能不自損八百？

示弱、撒嬌、依賴他人是一種信任，更是一份柔軟。一個人如果有足夠的安全感，肯向別人敞開自己內心深處的柔軟，相信對方也相信自己，才能夠建立起關於愛的連接。讓自己內心充滿活力、情感豐富而不再孤獨無助。

示弱是一種需要學習的能力，也是一種獨特的智慧。

或許一直以來，我們都誤解了獨立的意義。真正的獨立不是言語標榜，不是物質標籤，不是擺高姿態讓人難以接近，而是人格的完善。

當一個人的人格得到完善，才能擁有真正強大的內心，才能在世事裡看到真實的自己。承認脆弱又怎樣？正是因為你的脆弱，想要關心愛護你的人才有發揮的機會。我相信那些再獨立的女生，再高貴冷傲的女王，再十全十美的女神，內心也會有小女生的一面，也希望有人能理解自己。

希望我們能夠獨立，也學得會撒嬌。希望我們不被苦難輕易打倒，也同樣會示弱和求助。希望我們能夠保有賺錢的能力，也能夠安心享受被照顧的幸福。

我們在愛的路上摸爬滾打、虔誠修行，是為了得到內心的成長、蛻變，從而變得充盈、有愛、謙和，而不是難以接近。

我們是一群更高級的優質物種，比柔弱的女人更堅強，比堅強的男人更柔軟。

可愛心機

作為女孩，
這一生有兩件事是需要學習的，
一個是獨立自主的能力，
一個是依賴他人的勇氣。

3

正大光明地愛美，讓別人邋遢去吧

女生為什麼愛買口紅

陳大力

我一個朋友，口紅一支接一支地買。前幾天聖羅蘭禮盒套裝全球斷貨後，她發了一條朋友圈：「賣家說我前幾天付款的口紅斷貨了，氣得我趕緊買了支隔離霜。」

我自己也是個口紅控。從最初寫作開始，稿費就全奉獻給它們。和無數少女一樣，我也會蒐集各種品牌與色號，橘紅活潑，正紅精神，桃紅有繞指柔情。

少女們出門，臉上哪怕只敷一層薄粉，唇瓣帶一抹鮮麗的紅，也能立馬走路帶風。

有段時間我和一位朋友一起上課集訓，她每天早起必化妝，化妝必塗口紅。當時有人問她：「反正是上課，又沒人特意看你，幹嘛要塗？」

她回答：「你不懂，塗口紅是一種生活態度。」

清湯掛麵出門的女孩，很可能只想瑟瑟縮縮窩在角落裡，但妝容精緻的女孩，總是想要被人看見。她有多少分的儀態，就要大膽披露出多少分的風情。

愛塗口紅的女孩更甚，她們希望自己像一顆下午三點在樹枝上搖晃的櫻桃，鮮明動人，唇齒張合之間，網羅你所有的心動與讚嘆。

想活得優雅，提醒自己用餐時顧及吃相，別把口紅一併吃進去，別花妝，別一攤狼藉。想活得熱烈，仗著張揚的用色胡作非為，噘起嘴朝愛人索吻。想活得精神滿面也風情萬種，斗膽狩獵王子，唇角一揚，變成妖精。

我實習的時候認識一位H姊姊，口紅一天一種顏色，還要和妝容及衣服搭配，就像是畫報裡走出來的名模一樣。

她不管多累，也會禮貌地聽人講話，眼光不會渙散逡巡，而是專注直視，不時點頭，嘴角偶爾認真地抿一抿。她活得正像她的妝容一般——光潔，規則整齊，生氣蓬勃。

哪怕她其實做得很辛苦，待遇不怎麼樣，自己孤孤單單租屋，不知道什麼時候才能熬出頭，但她果敢地闖蕩著，絕不辜負眼下的每一秒。日子很艱難啊，但口紅，是那顆閃閃發光的鑽石少女心。

我認識很多剛畢業就在上海打拚的學妹，有一次跟她們去逛街，鑽進化妝品店，大家就興致勃勃開始試口紅，手背畫滿一道又一道亮色或暗色，最終甄選二三，領入後宮。

很久沒見過她們那麼少女的樣子了，嘰嘰喳喳地圍成一團，對比微小的色差，照鏡子笑嘻嘻重描一遍唇形輪廓，像是小時候幫芭比娃娃紮起髮束，那無與倫比的喜愛啊，讓眼睛迸光。

平時再多工作上的委屈難過，在口紅入袋的那一瞬間煙消雲散，反正本姑娘塗上這個顏色，就是天下第一。出門招搖過市，要讓所有人的心跳都為我多停留一秒。

你真的不得不承認，女人是一種另類的生物。

我之前上古代文學課，老師提了一個有趣的問題：「為什麼在許多文學作品中，描寫『口紅花掉了』，會讓人聯想到女生可能經歷了不堪之事？」

眾人瞠目之時，老師說：「因為口紅是一個女人的秩序。」

塗著口紅麻煩。喝水會褪色，天乾會脫落，吃食會沾油，塗著口紅的女人得端坐，別旁若無人大笑，別肆無忌憚犯傻，要靈動活潑，要懾人心魄，但切忌滑落為輕浮。女人呢，就是要在自我經營的麻煩中，洗禮出一場矚目的美。

口紅彰顯女人的自我管理能力。

一個縱容自己醜陋和鬆懈的女人，不會精心地沿著唇形與紋路上色，不會關心濕潤度、飽和度、霧面感這些繁雜萬千的細枝末節。

發自內心愛口紅的女人，不允許自己醜。

不允許自己吃相難看，不允許自己飄搖易碎，要做最美麗的女戰士，不哭天搶地，不自怨自艾，永遠要為了美好拚到此生無悔。

作為一個擁有二十多支口紅的蒐集重症患者，我已經厭倦回答直男們「你只有一張嘴，買這麼多口紅幹嘛？」的傻問題；我只有一張嘴，但我有一千種模樣啊，可愛的，柔軟的，剛烈的，直率的，婉轉的，耀眼的。而每一支風格各異的口紅，都是一個我。每一支用色的獨特美好，都是對自己的期許。

你不懂，它們是替我出征的戰士，也是幫我護住少女心的小小城堡。

可愛心機

女人就是要在自我經營的麻煩中，
洗禮出一場矚目的美。
發自內心愛口紅的人，不會允許自己醜。

正大光明地愛美，讓別人邋遢去吧

伊心

過年回家，聽到姊姊在教育她十歲的女兒：「小女孩不用那麼愛漂亮，認真念書才是對的。」

「如果考不上大學，再美有什麼用？」

「愛美太花工夫了，上了中學之後你如果再這樣，不知道要浪費掉多少學習的時間。」

我在旁邊聽得「毛骨悚然」。

是的，在我的家族，才十歲就要背負起讀一個好大學的壓力。才十歲，就會被家長教育，愛美會阻礙你變成一個聰明的人。

但那個十歲的小姑娘，喜歡穿鮮豔的裙子，喜歡照鏡子，每天讓寵她的奶奶，將頭髮編織成美美的辮子。

聽了姊姊的話，我才意識到自己，是怎麼變成了一個完全不在意外表的女生。

試想一下，在你漫長的成長歲月裡，是不是充斥著這樣的誤導：愛美等同於膚淺，打扮得太漂亮、太前衛的女孩，被解讀為不聽話、不愛讀書，甚至被看作壞女孩。而素顏見人、頭髮簡簡單單，甚至不修邊幅的女孩，則被解讀為乖巧、聽話、好孩子。

尤其是進入青春期之後，女孩都開始愛美，但大多數父母，仍然將愛美視為不正常的表現。他們甚至警惕這種變化，不自覺地疑惑：「女兒最近開始愛打扮，是不是早戀了？」

有多少人和我一樣，在這樣的迷思之下，從來沒想過自己可以變得更美。

我們從小就缺乏對「美」以及「愛美」的教育，於是長大之後，每一步超越自己的步履都那麼艱難，並且，越艱難就越容易放棄，最後，我們只會在自己的舒適區裡一直耗下去。

你看，在我們從小到大接受的教育裡，都告訴我們愛美會耽誤時間、浪費精力，甚至讓我們變成一個壞孩子，但事實上，愛美和努力學習、勤奮工作，從來都不是反義詞！

我的學姊是經濟學博士，也非常愛美，愛塗大紅色的指甲油，還經常畫濃妝。她和我說，她最常聽到的話有兩種：一種是「啊，真看不出來你能有那麼高的學歷」，這種言論來自先看到她外表的人；還有一種是「啊，真沒想到你是這樣啊」，這種言論來自第一次看見她本人的人。

所以久而久之，別人介紹她時，特別愛說的一句話是：「她才不是你以為的那種學霸！」

學姊說，從小父母也不允許她過度打扮，可是她愛穿裙子，就只穿裙子，在課餘的空檔，搜羅那種最美的裙子。為了讓長髮更滑順，她很早就學會用橄欖油護髮。套用她的至理名言：「頭髮毛毛粗糙的時候，我無法安心讀書。」

有時候，父母也會憂心忡忡地看著她試穿新衣服，但她轉頭就去補習了，扔下一句：「你們不知道，穿上漂亮衣服，才能讓我在苦讀時更有戰鬥力！」

這才是對美的正確態度吧。如果你不愛美，那麼隨意地生活就好；如果你愛美，那就正大光明地愛美，讓別人邋遢去吧！

很不好意思承認，我甚至是在二十五歲這一年，才坦坦蕩蕩地追求美的。

在那之前，我埋頭於學業、寫作、工作，以及一切我認為無比重要的東西上，從不認為「將自己打扮得美美的」，也是一件重要的事情。

漫長的學生時代，我為了早早去搶占一個圖書館的座位，匆匆洗把臉刷刷牙就出門，連早餐都是邊走邊吃。

工作之後，我覺得對客戶來說，我的專業能力更重要，於是甘願深夜寫報告，不在乎去談判時，是不是穿了合適的衣服。

過了二十五歲，我終於收起那些平價又大眾化的衣服，丟掉各種積滿灰塵的劣質化妝品，做了去斑和修眉毛，挑選品質上乘、剪裁得宜的套裝。

大多數情況下，我仍然覺得素顏見人比較舒服，但我開始在自己想要和需要打扮的時候，迅速拾掇起一個精緻的自己。

這樣當然是有效果的，就連我的直男同事都說：「你最近變漂亮了。」

以前，我只希望自己成為一個勤奮的女孩，一個獨立的女孩，一個樂觀的女孩，現在，我還希望自己成為一個愛美的女孩。

若我以後有了女兒，我真想告訴她：「愛美不是虛榮輕佻，不是淺薄浮誇，不是沒有大腦。愛美是你的天性，也可以是你的選擇。它和你生命裡的其他任何事物都不相悖，因為，愛美，只是愛美而已。」

你的才華不會因為你變漂亮了而褪色，你的精力也不會因為你愛美而被削弱。更何況，美也是一種武器。

想像一下，即使房間之外的一切擺設都是一團糟，即使人生被巨大的絕望所充斥，但你華服筆挺、妝容精緻。你塗畫眼睫，就像一個戰士穿上他的盔甲；你勾勒紅唇，就像一個將軍整頓他的兵馬。

人生有數之不盡的事情，但唯獨這一件，你能夠全權掌握。你可以決定你自己，決定眼線的長度，決定唇眉的顏色，決定鎖骨邊項鍊的材質，決定高跟鞋能踏出多麼嗒嗒有力的聲音。

在遙遠的過去，無數人指著一個裙襬搖曳的背影說：「真沒想到她是這種女孩啊。」但在每一個美妙十足的當下，你知道你的華服裡面，是和那整飭的針腳一樣堅不可摧的靈魂；而你細心打理過的皮囊下包裹著的，是一座同樣用心打理過的花園。它溪流濯濯，它芬芳四溢。

你用挺拔、舒展和自信的儀態告訴全世界：「嘿，我來了，我準備好了，你們儘管放馬過來吧。」你的眼眸裡沒有一絲怯懦，就像你的妝容沒有一點瑕疵一樣。

你穿白T恤還像個少女，就能嫁出去了

王珣

女人真的是年齡越大越嫁不出去嗎？

我的答案當然是否定的。但前提一定是，你要努力過好一個人的日子，要又瘦又好看，錢包裡裝滿自己賺的錢，只穿件白T恤配牛仔褲，也能一直美得像個少女，用這樣卓越的外在守護你純真的內在，才能遇到一些美好的事物，和一個懂你的人。

好友是位有寒暑假的高中老師，月初出國旅行，回程特意從北京轉機，在我這小住兩天再回上海。我趴在三

號航站接機口的欄杆上望眼欲穿，各種人群蜂擁而出又漸漸散開，大多數的人匆忙而疲憊。好友的身影出現在視線裡的時候，讓我眼前一亮，她只穿了件什麼裝飾都沒有的短款白T恤，搭配淺藍色男友風破洞牛仔褲，倩影依舊像個少女。

大學時，我們曾經追過一部好萊塢電影《麻雀變鳳凰》，影片講述洛杉磯街頭妓女薇薇安，和企業鉅子愛德華的浪漫愛情故事。薇薇安與愛德華相處的一個星期裡，從外表到內心都進行了一次大換血，穿上晚禮服，學會西餐禮儀，陪同愛德華出席大大小小的宴會，了解到上流社會的生活形態。

女主角在片中多套服裝造型都讓人驚豔，麻雀變鳳凰的視覺衝擊強烈；但給我印象最深的，卻是她決定開始新生活時，穿的白T恤和牛仔褲，加了件黑色小西裝，束起長髮的樣子，清純得像是閣樓上的公主。正當她準備離開時，愛德華的汽車已停到門外，手拿雨傘和玫瑰花的愛德華，最終像騎士般拯救了他心中的公主薇薇安。可見，麻雀要想變鳳凰，那也得有點鳳凰的漂亮潛質和用心。

T恤是在各種場合都可穿著的服裝，適當的裝飾即可增添無窮的韻味。用來搭配短裙、短褲或牛仔褲，既青春洋溢也充滿時尚感。

而白T恤和白襯衫最可挑戰男女的身材和衣感，穿得好，百媚千紅獨一枝，穿不好，臃腫猥瑣畢現，沒有難看只有更難看。

你將一件五千元的衣服穿得好看，那是衣服的本事。你把一件五百元的衣服穿得有品味，看起來像五千元的衣服，那是你的本事。你把一件白T恤穿得驚豔，看起來很貴很大牌，那更是美麗女人的本事。

好友在我家裡住了兩天，行李箱中那根跳繩也沒有休息過，她三十歲生了寶寶之後，就每天堅持跳繩四十五分鐘，十幾年如一日，不論在家還是外出從未間斷，即便我們倆結伴去西藏旅行，跑幾步就氣喘的高海拔地區她也持續鍛鍊。

跳繩是種有氧運動，能讓女人的線條更加緊緻，而且不會長出難看的肌肉，所以她畢業二十年後，還能把白T恤牛仔褲穿得像個少女，緊實的肌肉和勻稱的體形，絕對是同齡女子的佼佼者。

我承認自己是個吃貨，但身邊有這樣的榜樣我也不能服輸，於是十幾年如一日注意飲食，每星期打網球和羽毛球，哪天有約晚上吃了大餐，深更半夜也要在健身單車上騎行二十公里。

我用近乎殘酷的方式，努力保持少女時的體重，於是也可以和好友一樣，用白T恤搭牛仔褲，繼續徜徉青春的記憶，在世俗煙火中把倩影經營到更好。既然我要終其一生生活在愛裡，那我的美麗就是我的基礎，我的克制就是我的品質。

身邊減肥鍛鍊的喊聲一浪高過一浪，可是真能堅持的人少之又少。任其身材走樣，根本看不出實際年齡，平白老了幾歲不說，還會影響健康。身邊恨嫁的女人也一撥多過一撥，與其為了年華即將老去焦慮，不如在年老之前及早運動健身，修鍊漂亮的臉蛋，雕塑美麗的身體，享受生活的盛宴。

等你先做好這些，你的心就靜了，想修鍊什麼樣的內在都不是難事。

有時候幸福會離開一小會兒，又或許會晚一點來，只要是你想要的，那晚點也無所謂。當你身材勻稱健美，世界就是你的，當你外在的細節透著內在的光芒，愛情也會尋著光而來。

去年再好的衣服，也配不上今年的我

艾明雅

前幾天，想找熟悉的代購幫我買一件 Burberry 新款外套。

她疑惑地問我：「你去年那件呢？」

我說：「過時了，不喜歡了。而且，當時是打折買的，本來就不是很滿意。」

她笑說：「敗家女人，經典款可以穿很多年的。」

我說：「但我怎麼覺得，去年再好的衣服，也配不上今年的我了。」

不知道大家有沒有這種感覺，那件

去年不買，會讓自己失眠的衣服，今年再穿上，不管怎麼看鏡子裡的自己，都提不起那個勁。就像前幾天，我覺得自己怎麼穿都俗氣，毫無穿衣靈感，一點都沒有精神。

很多女人，可能只會把這件事落寞地歸結於：還不是因為我老了，歲月不饒人。千萬別信這個邪。當你一味把自己醜了怪到老了身上時，你就真的離醜不遠了。

要不斷買新的衣服，才能再見到好看的自己，其深層的原因，是我們的氣質又變了。頭髮短了兩公分，腰圍瘦了，我的工作氛圍和夥伴也不一樣了，心態從平衡走向鏗鏘——這些細微的變化，都將決定我不再是去年的那個人，怎麼可能去年的衣服還能穿得好看？

可是，每當我鼓勵女人們這樣去思考、去購物的時候，我的微信後台總有直男癌留言說：別扯什麼自我升級，自己賺錢自己花。男人的錢都拿去買房了，自己的錢當然可以去買包升級自己。如今年輕女人，之所以能夠大張旗鼓，號稱愛自己做更好的自己，還不是因為男人們承擔了更多生存成本。

果然，傳統對好女人、賢妻良母、管家婆的概念，就是「不管你會不會賺錢，你都得為這個家省錢」。

這世道真夠狠的，以前的主婦花男人錢靠男人養，沒什麼地位也就算了。現在的女人花自己的錢，還是沒討到半點名聲。因為，世俗給女人的定位就是：無論你的錢是打哪兒來的，你都必須把錢花在家庭，而不是自己身上，才能體現你的價值。

如果你一旦表現得明豔動人，他們就覺得，只有自私的傢伙，才會在婚後依然保持光鮮。

可是，一味省錢，真的就能省出好生活嗎？

與其說，**女人們在不斷地買新衣服**，不如說，**她在持續升級對自己的認知**。所以這也許不是花錢，反而是能賺到錢的一種核心思維。不然你去看看，身邊並沒有越花越俗的朋友，反而只有越省越窮的。

我知道，有真的揮霍無度，買衣服買到破產的女人，那一定不是買買買本身的問題，而是她只專注於買，而沒有專注於賺。

很多人，只看到我鼓勵女人們去花錢的表象，卻沒有看到，我在鼓勵一種思維。

人的思維模式是一個整體，整天專注於省五塊錢的能力，不可能發展到能賺五十萬的格局。一個人愛花錢，是因為對自身形象要求高，才會對生活要求高。接下來，才會對孩子的教育規劃，對家庭未來的養老，比常人要求更高。

這是無可剝離的，就像買菜一樣，要嘛你全盤接受，不能只要瘦肉不要骨頭。

花錢狠算什麼，賺錢更狠。

對衣服要求高，如同工作的時候對自己更苛刻。

曾經，我是一個兩年寫一本書、交足四十篇文章優哉游哉的作者。可是從今年起，我兩個月差不多就要寫四十篇，而且，人們看到的兩千字背後，可能都是我寫了一萬多字才提煉出來的精華。

我的確是沒有上班時間，但我再也沒有下班時間了。

一個只會花錢的女人，不過是逛街兩小時，充電五分鐘。但是我身邊有越來越多的女人，買個愛馬仕，是為了阻止自己這半年加班的時候都不要抱怨，看在愛馬仕的份上，忍了吧。

如果你只看到其表象浮誇，還要用世俗傳統那一套來約束我們，那祝你和你的舒適區地老天荒。

去年再好的衣服，也配不上今年的你，不僅是配不上你的氣質，更是配不上你的努力。只有我們自己知道，我們值得。是因為，在很多人玩手遊的時候，我們在工作。在那些你覺得「要留空閒才是生活」的狀態裡，我們在工作。即便是在飛往旅行目的地的飛機上，我們依然在工作。

你可以提醒我們，過勞死就什麼都沒了，要包包有什麼用？我想說，你那點工作量，完全不用擔心這個問題。

就像從前，我以為我已經對自己夠狠了，可是每次看到比我年紀小的人，是怎麼拚命的時候，我又覺得再不奮鬥，自己馬上就要被後浪拍死了。如果她們拚的是年輕的體力，那麼我一定是在拚一種歲月的毅力。

從此以後，如果你看到有個女人越花越有錢，小心她的心是果敢的，血是傲氣的，沒有什麼事是她做不出來的。

因為，她在不斷地超越去年的那件大衣、那雙鞋子和那個自己。而你只看到，她又買了什麼。

有浪費面紙
擦淚的時間和力氣，
不如好好補個妝重回戰場

夏蘇末

我的朋友簡潔，有情有義有能力，不高傲不小氣不邪惡，絕對稱得上新時代女性標竿，真善美的形象代言人。

當我在安心等待，她將一路順風順水的戀愛升級成婚姻，摘得人生贏家桂冠的時候，卻接到簡潔的電話，說自己被分手了。

說起分手的原因，在萬千條奇葩裡也是獨樹一幟：對方家長嫌棄她的臉蛋，未達到「三庭五眼」的黃金比例，影響下一代品質是幌子，真相是她男朋友那位迷信的母親，找人算卦說簡潔沒有旺夫運。（三庭，是把臉的長度分為三等分，從前額髮際線至眉骨，從眉骨至鼻底，從鼻底至下巴，各占三分之一。五眼，是以眼形長度為單位，把臉的寬度分成五等分，從左側髮際至右側髮際，為五隻眼形。）

在母親的逼迫下，男友提出了分手。簡潔傷心欲絕，一大早跑來我的小公寓療傷，不吃不喝不睡，天天窩在沙發上抱著面紙盒掉眼淚，一邊難過還不忘做自黑總結：「這麼多年我拚死拚活，兜兜轉轉一大圈，沒想到最後還是敗在起點。」

這樣的總結，說實話真的讓我很生氣。

為了一個沒有主見不懂珍惜的男人，就把心中的山川湖海夷為平地，這樣的自暴自棄，如同腳痛又買了劣質膏藥，還讓不讓人好好走路了？

我著實想敲醒她，於是凶狠地擄走她手上的面紙盒，轉而甩給她一支自己剛買的新款唇膏。她掛著淚珠一臉茫然，我恨鐵不成鋼地戳戳她的腦門，做刑求逼供狀：「我最狼狽的那時，是誰慷慨激昂、義正詞嚴地跟我說：『任何時候口紅比面紙更重要的？』給你十分鐘把鳥樣憋回去，補個妝跟我出去吃飯。」

簡潔嚇得一哆嗦，渾身負能量一秒流失掉七八成，看表情顯然想起了被遺落的回憶。

其實，真不能怪我氣得喪失理智。

從高中時代認識，簡潔一直走的都是高能強悍路線。高中三年蟬聯班級第一，考進知名大學最好的科系，一手漂亮的毛筆字，馬上成了學校宣傳部的活廣告，大三出國成為交換學生，畢業後拿到頂尖企業的高薪職位。

她不倚仗良好的家境，假期和周末會去打工。她善良豁達，被街頭行乞的孩子哄搶到身無分文，卻未曾抱怨過半句。這樣的她，在心機女滿街都是的年頭，卻因為長得不夠好看被分手，真是比懷才不遇還難接受。

被分手應該是對方的遺憾，憑什麼要肝腸寸斷！

我和簡潔成為好朋友，確實是因為彼此不夠美而惺惺相惜。

從初中到高中，我頂著一成不變的蘑菇頭，不挺的鼻子托著一副大大的眼鏡，嘴巴不大卻有兩顆碩大的門牙，穿最普通的衣服，背毫無性別特徵的書包。那是一段非常非常絕望的時光，我做每一件事，都能成為別人的笑柄，優異的成績，也不能填補這份時刻身處嘲笑中的苦澀。

當時的我，特別迫切地渴望得到男生青睞，這種渴望與情字無關，與虛榮無關，就只是單純地想要得到一份肯定，一份溫柔的力量。

但是，許多事情越迫切結果越糟，從初中到高中，沒有一個這樣的人出現。如此的結果，導致我越來越自閉，不修邊幅，自暴自棄，直到讀大學，我已完全成了糙漢子一個。

大二那年，我暗戀的男生，向我炫耀他漂亮的女朋友，我躲在女生宿舍樓頂哭得狼狽不已，恰好上來吹風的簡潔，實在看不下去，就遞了幾張面紙給我。

雖然時間是治療心靈創傷的大師，但絕不是解決現實問題的高手。認識簡潔以後，我發現智慧絕對是變美這件事的重要組成部分，她以身體力行的方式，催熟我改變的勇氣。那時的簡潔和我一樣，遊走在肥胖界，不過我們遇見之前，她已經幡然醒悟，正悶不吭聲地做著變美的努力。後來她看醜小鴨如我，還沒有逆襲的覺悟，乾脆收編我和她一起行動，將自己調整到更好的狀態。

管理身材先從減肥開始，我們倆每天結伴在操場跑一小時，堅持過午不食，杜絕一切零食，餓得慌了互相挑剔彼此以保持鬥志。

為了改善膚質，每天一杯豆漿一顆蘋果，每周一貼面膜，盛夏攝氏三十七度的高溫裹著長袖過活；為了改善髮質，耐心在宿舍用快煮鍋熬生薑水洗髮；為了學習服裝搭配，每個月跑去書店蹭時尚雜誌看，回到宿舍將所有衣服攤開，一遍一遍地搭配，不厭其煩。

都是最普通的小事，不新鮮也沒有絲毫創新，只有最樸素的堅持，盡可能地對自己苛刻，開始挨得辛苦，但始終一往無前。

這種狀態持續了很長時間，突然有一天，有男生對我說：「你笑起來很可愛。」好像就在一夜之間，很多人開始說，你真的很可愛。

我無法形容自己內心的震顫：歲月加身的天然痕跡，會因為你的努力而變得美麗，儘管這種改變遠達不到逆襲的標準。

更重要的是，這想盡一切辦法的嘗試和堅持，為你打開更廣闊的世界，向你展示生活有著各種可能性，也讓你發現自己有無限可能性。

當然，時間成全了初衷也裹挾著苦衷，貫穿我整個少女時代的自卑感，仍然在心底藏匿。那個誇我可愛的男生畢業時和我分手，在工作和生活上，我也沒有被命運特別眷顧。但我越來越明白一件事，有時候生活只是給你一個假摔，你真的不必灰心到把所有的熱情，抽離出你的小世界。

大學畢業後，我在家鄉做了一年不開心的工作之後，毅然決定去大城市闖一闖。簡潔叫我到北京和她一起奮鬥，我大包小包滿腔熱血而去。每天早晨，我們穿梭在地鐵擁擠的人潮中，簡潔在人民大學站下車上班，我則到處面試。持續多天找不到一份中意的工作，在家鄉習慣優越過活的我自信心大跌，每天愁眉苦臉地回去我們租的蝸居。

我記得有次趕完一場面試，遇到空前暴雨，在地鐵入口瑟瑟發抖等了三個小時，在雨勢漸小後，踩著漫過腳踝的積水，深一步淺一步地跑回去狠狠哭了一場。

如今我在北京安定下來，有了自己的小房子，有志同道合的夥伴，有親密無間的愛人，再也不用擔心暴雨天孤單一人，但我常想起那一天，簡潔耍狠對我說的話。

那天，下班後的簡潔搶走我手上的面紙，找我下樓吃火鍋，又帶著我買了一支橘色唇膏；她把這款唇膏放在我手中，對我說：**「女孩子要記住，任何時候，口紅都比面紙更重要，有浪費面紙擦淚的時間和力氣，不如好好補個妝，重回戰場。」**

這支唇膏，帶著簡潔對我的鼓勵，支撐我挺過成長中最艱難、最疼痛的一段時光。時間教會我長大，教我在學會愛人之前先尊重自己。普通如我，渺小如斯，恍如塵土，但我是我自己的，無論外表還是精神，只要我對愛自己這件事念念不忘，禁錮我的牆最後都能成為我打開世界的門。

不是每個人都有機會成為女神，但是任何人都可以成為更好的自己。簡潔比我更明白這個道理，以一支唇膏換全新的自己，這種蛻變，我相信她做得比我好。

可愛心機

當你做到又瘦又好看，
錢包裡裝著自己賺來的錢，
當你克服從前所不能克服的，
你的人生才開始真正地美好起來。

沒有審美觀，比沒知識更可怕

伊姐

朋友葉子最近和家人，在帶孩子的問題上又鬧翻了。這一次不是因為吃喝拉撒，而是為了穿衣打扮。

每個季節到來之前，她都會幫兒子買衣服。曾經是時尚雜誌編輯的她，自有對衣著打扮一整套的邏輯思考和審美標準。

然而這標準放到孩子身上，卻招來家人的質疑和不滿：這麼小的孩子懂什麼啊？小孩長得快，買那麼多衣服，頂多穿一季就不能再穿了，不是浪費嗎？

她兒子不到兩歲，就知道自己選衣服了，每次出門前，都打開衣櫃琢磨著今天要穿什麼。

她選好的衣服偶爾也會被兒子拒絕，自己去找另一件拿來穿。這時家人又說：「這麼小的孩子，就知道挑三揀四地炫耀，長大以後，能把心思放在課業上嗎？」

她終於忍不住，一字一句地說：「孩子是小，但是有一種東西叫審美。這不是與生俱來的，是如同其他生活習慣一樣，需要從小教育培養、耳濡目染的。我並沒有鋪張浪費，都是按照家裡情況，適度消費給孩子買衣服的，我花錢買的不只是衣服，而是孩子一輩子的審美！」

別說省吃儉用大半輩子的老人家，很多父母，現在也一直受「孩子穿百家衣」的觀念影響，覺得孩子還小，什麼都不懂，穿別人穿過的舊衣服也無所謂，更別說什麼風格和顏色上的搭配。

然而，實際上很有所謂。

美是一種浸染，是自我表達，更是一種選擇。

大部分的父母，會捨得花錢供孩子吃喝，注意力放在身高體重的數字上，覺得這才能表現出，在養育孩子過程的成就感和滿足感，卻忽略了很多看不見的成長指標，比如審美。

孩子小時候可能察覺不到，但是長大成人後，審美的烙印，會在他的言談舉止、行為處事上一目了然。

審美也是一種教育，而且是最重要的啟蒙教育。它需要來自父母的影響薰陶，需要父母創造環境和機會，讓孩子從無到有，從零到一。

孩子小的時候，這種審美可能只是衣服的選擇，顏色的判別，但是假以時日，這種審美就會涉及生活的取捨，和人生方向的選擇上。

有多少女生，在小時候愛美的年紀被大人誇張喝止，把關注衣著打扮當作浪費時間，把關注時尚訊息當作無心學習，把愛美當作一件難以啟齒的羞恥事。然後長大之後，因為不懂化妝，不在意打扮，尋找不到適合自己的衣著風格。

在未來審美導向的世界，在一個大家越發意識到「外在即內涵」的世界，不懂得美的風險巨大：在情場上敗下陣，在職場上遭遇滑鐵盧。

國畫大師徐悲鴻的兒子徐慶平，提及當年留學歐洲，第一次去羅浮宮看到的一幕，讓他受到極大震撼。

那是二十世紀八零年代，他到巴黎工作的第一個星期天，便迫不及待地去探訪這座藝術聖殿。當時，有一群七八歲的法國孩子和他一起進去參觀，孩子們由一位戴眼鏡的女老師，引導去參觀一間建築模型展廳。

在裡頭，他聽到老師說：「孩子們，你們要仔細看，然後告訴我，希臘羅馬式建築的美，和哥德式建築的美有什麼不同？」

當時徐慶平非常驚訝。他深切感受到，一個偉大的民族，一定是一個懂得審美的民族，而一個人如果不懂得審美，就不是一個完全的人，是一個有缺陷的人。

在歐洲國家，孩子們從小就有去觀賞藝術活動的習慣，每到周末和假日，他們總會去看展覽、聽音樂會、欣賞演出。他們到任何一個新的地方去度假、休息、工作之餘，總是首選參觀博物館，而且是美術博物館。

記得有一次，我帶著兒子去攝影藝術館參觀時，迎面跑來一個小男孩，他牽住媽媽的手，眼睛閃著亮光，興奮地說：「媽媽，這些來自世界各地的自然風光，簡直太美太棒了，原來這世界上，有那麼多神奇的景觀和現象，等我長大後，也要去全世界瞧一瞧！」

在我看來，沒有審美觀，簡直比沒有知識更可怕。

沒有審美觀的人，未來會出現許多問題，這些問題，是才華和金錢都無法彌補的缺陷。

譬如你會發現，有的人的確不缺錢，卻沒有把自己的生活品質，過成和自己的財富相稱的能力，甚至還一團糟。像有人買得起世界一流品牌服飾，卻穿不出品牌與眾不同的設計感，相反的，只會把各種 logo 掛在身上，僅見堆砌而沒有自己的態度和主張。

很多所謂的社會菁英人士，在什麼都不缺的時候，唯獨因為缺少審美，而無法應用各種形式，充分準確地表達自我。

楊瀾曾說過，自己二十五歲時，在英國的一段經歷。

她面試失敗後，披頭散髮地穿著睡衣、裹著外套去了咖啡廳。咖啡廳人很多，她被安排坐在一位像伊莉莎白女王一樣高貴和端莊的英國老太太面前，老太太沒有看她一眼，但寫了一張紙條給她：洗手間在你左後方拐彎。

當楊瀾再回到座位時，那位老太太已經離開了。那張留在餐桌上的紙條，多了另一句漂亮的手寫英文：「作為女人，你必須精緻，這是女人的尊嚴。」

「以貌取人」有時候的確是最好的方法。因為一個人的長相是天生的，但是形象是後天經營的。你的言談舉止、衣著打扮，都是無形的自我介紹，都在清楚地告訴別人，你是一個什麼樣的人。

這是對別人的尊重，更是自重。

沒有審美是人一生的毒藥，且無藥可救，比沒有知識還要可怕。當我們被尊重、被美浸染，才能漸漸懂得對自己的重視，對這世間美好事物的理解和追求。

一生如此漫長，我們更要美美地度過。

你連體重都控制不了，還談什麼自律

萬特特

——

什麼叫胖？

有人說，真正胖的人絕不是每天喊著「哎呀，我太胖了」的那一群，真正的胖女孩從來不敢大肆炫耀要減肥這件事，因為她們脆弱的內心，生怕引來更多的嘲笑和白眼。

說起我減肥的初衷，沒有小說裡被男神拋棄後，拚命減肥的勵志，也沒有遭受無數冷嘲熱諷後的逆襲，只因為一點點小小的委屈：在校慶大合唱上，音樂成績優秀的我，最終沒能擔綱領唱。原因就像你想的那樣，誰會喜歡一個胖子站在前面亮相呢？

市面上常見的減肥方法，我幾乎都試過——針灸拔罐、喝茶消脂、蘋果減肥、精油按摩、斷食喝水，當然還包括被廣告吹噓得神乎其神的減肥藥。所以，我可以以一個過來人的身分，負責任地告訴你，那些方法多半都是騙人的！你犧牲健康換來的，不過是一次狂歡後的落寞，會讓你陷入無限的自責和難堪之中。

在無數次吹氣球般的反彈中，我恍然大悟，減肥的正道無它，只有少吃並且多運動。或許你會覺得這句是廢話，但沒辦法，這的確是「減肥界」最有用的一句廢話。為什麼減肥成功的人總被稱作「勵志」？因為減肥不是人幹的事，只有自制力比普通人更強，才能和人的本能做爭鬥！

我不相信有減不下去的肉，如果你還沒有瘦下來，只能說明你對自己的肥肉還不夠狠。

那年夏天，我開始了自己的減肥計畫——節食加運動。早上吃一片全麥吐司，中午吃以往三分之一量的米飯以及少量蔬菜，晚餐是水果配優酪乳，然後去公園快走一個鐘頭。我一度為此養成了早睡的習慣，因為心裡想著：快睡著快睡著，睡著就不餓，熬到早上便可以吃東西了。

對於我這樣一個喜歡尋覓美食的吃貨來說，控制體重真的難熬。一位健身教練朋友跟我說：「控制晚餐是保持腰圍的最好方法，沒有之一！」在成功減肥五公斤後，我將晚餐的水果也換成低熱量的，徹底戒掉我最愛的火鍋和甜品，從公園回來後再加二十分鐘的跳繩。我用這個方法保持體重不復胖。

你問我苦不苦？

節食讓我每天都有一種馬上就快餓死的感覺，而運動後大汗淋漓所帶來的暢快感，又將我從死神那裡拉了回來。我一直相信，在這段看似折磨自己的過程中，每一滴汗水，每一次挨餓，都讓我變得更好。

雖然這是個強調內在的年代，但不能保持良好的身材，都是為自己的懶惰尋找藉口。你控制不了自己的皮囊，再優質的內在都會失去支撐。

一胖毀所有，多出來的贅肉，時時刻刻都在暴露自己的懶惰和放縱，或許我們都會有這樣那樣的缺點，但讓自己如此糟糕的外在，毀掉了原本還不錯的內在，才是最大的遺憾。

在電視台實習的時候，辦公室有位暱稱豆花的女孩。我和她的第一次接觸，是實習報到的第一天。我背著書包進門，正巧她要出門，本想身子側一點就過去了，可是抬頭看了看她之後，決定乖乖地退回去，讓她先過。

豆花出去丟吃過的飯盒時，有人在背後嬉笑，說她身高和體重一樣，都是一百六。旁邊有人接話：那如果跳進箱子裡，不折不扣的正方形。大家笑成一片。我看到豆花微微抬頭看了看，又迅速低下頭走過去，什麼都沒有說。

胖女孩對這個世界更寬容，因為她們覺得自己卑微，但她們也更容易受刺激，像蚌殼中間那團柔弱的肉，被針一扎，就合起殼來不願再打開。

一次錄節目，我們兩個作為幕後坐在一起聊天。熱絡起來後，豆花講了她的故事給我聽。

原來豆花也曾經是個體重四十五公斤的苗條女孩，每次量體重時，身邊都有姊妹們羨慕。在以瘦為美的校園時代，豆花或許稱不上是女神，卻也是個不折不扣的迷人少女。

當時追求豆花的男生不少，而真正讓她喝下愛情雞湯的，是一位學長，長相英俊，體貼細心。兩人戀愛談得順風順水，本以為這段校園戀情會走進現實生活，但還是落入俗套地結束了。

大四實習期間，豆花去了上海，男的則到北京。剛開始還會保持密切的視頻通話，在戀愛周年那天，對方請假趕來和她一起慶祝，直到今日，豆花說起這件事，仍是一臉感動。

半年後，對方發訊息提出分手，扔下一句：一切就怪異地戀吧。豆花一個人橫穿馬路，不顧路人的目光，痛哭著回家。

她還是決定去見對方一面，便訂了機票。到男的公司樓下時，正是午飯時間，豆花站在馬路對面，看到那個她曾經幾度想要嫁的男人，牽著另一個女孩的手走出來。

她沒有跑過去抓住對方質問，因為關於分手的原因，她在那一刻明瞭了。

心如死灰的豆花，在飛機上望著窗外的雲層，視線漸漸模糊。那段時間，只要她醒著，零食從來不離手，點外送、吃宵夜、喝汽水。短短一個月，豆花的體重從最初的四十六公斤，飆升到五十八公斤，衣服從小號穿到加大尺寸。

好朋友打電話罵她，為了不值得的男人過度消耗自己，這樣的你簡直讓我們看不起。豆花這才漸漸回過神來，開始後悔當初的自暴自棄，也暗自下定決心減肥，可惜沒堅持多久，肚子上的肉軟了又圓，圓了又軟。最後想想算了，就任其横向發展，不加克制。後來性格也大變，變得沒有自信，在別人面前不敢言語，總覺得自己比別人差。

豆花說：「你看，老天不偏愛我，拋棄了我。」

我起身搶過她手裡的奶茶，扔進垃圾桶，對她說：「如果想改變，就從這杯奶茶開始吧。」

那些總是說世界黑暗，隨隨便便向現實妥協的人，永遠體會不到生活真正的意義。生活早晚會教會你，不要被狗血的劇情影響，也不必為過去的人浪費時間。不要怪命運不公，愛情不明。如果你覺得自己就這樣算了，其實是自己拋棄了自己，別人又如何拯救你？

熱愛生活的人會疼愛自己，會把自己打扮出最佳狀態，畫美麗的妝容，穿得體的衣服，不允許身上出現一塊多餘的贅肉，也不允許被人愛來愛去。不妥協每一份嚮往，不卑微每一份命運，在堅持和熱愛中前進。

生活不會拋棄每個人，除非你不夠熱愛，而你身上的每一塊贅肉，都是你向生活妥協的標誌。

我記得有本時尚雜誌的女主編身材極好，有人評論她說，這樣的外表，顯示了卓越的自我修養。

的確，在生活中，我們很難見到一位聰慧伶俐或優雅高貴的女性是個胖子。她肯定不會有粗粗的水桶腰、圓滾滾的脖子、肥厚的下巴、胖嘟嘟的手、木樁般的大腿。

一個人的身材，反映她的修養和約束自己行為的能力，減肥和保持體重，其實就是學習克制和自律的過程。你能控制住自己的體重，才能控制住自己的生活，也才能找到時間，去享受生活美好的一面。

女人的一生中，衣服可以有幾千套，鈔票可以有幾萬張，而體面的好身材一輩子只有一副，舊了不能換，皺了不能燙。所以，好看的身材才是無價的。

想一想，一個女人連自己的形象都不關心、不在乎，怎麼能夠證明她對自己人生是有責任感的呢？一個女人如果可以放縱自己的體形橫向發展，憑什麼說她追求精緻的生活呢？

永遠不要抱怨生活虧欠了自己，也永遠不要相信「胖女孩也可以超級可愛，軟軟的才顯得呆萌」之類的話，人最好看、最可愛的樣子，就是在為自己而努力的樣子。你為自己傾注的心血，都是具備能量的。

當你做到又瘦又好看，錢包裡裝著自己賺來的錢，當你從自己身上，克服了從前所不能克服的東西，你的人生才開始真正地美好起來。

你會發現自己不再輕易急躁生氣、害怕焦慮，也不會再抱怨訴苦，成長中的許多苦痛，再也不會在你面前囂張跋扈。這樣的獨立，才能擁有被尊重的前提，為你贏得平等和權利。

像我一樣胖過又瘦下來的人，提起肥胖，就像做了一場漫長的噩夢。大腿上的紋路，像曾經受過傷的疤痕一樣，不斷提醒你曾經是個胖子。我也暗暗慶幸，始終沒有放棄過自己。

世界鳥語花香，我們不能被肥肉訛上。

可愛心機

不能保持良好的身材，
都是為自己的懶惰尋找藉口。
你控制不了自己的皮囊，
再優質的內在都會失去支撐。

那些能長年
保持體型的人，
都是狠角色

特立獨行的貓

有段日子，每周要做三天健身塑形，因為請了私人教練，所以必須在固定的時間早起去上課。我常常晚睡，早起對我來說特別困難。

但我這人有個特點，已經認定的事情，一定會去做，要半途而廢，那就是我沒真心想做。因此，不管晚上幾點睡，早晨我都會摸黑爬起來去上課，好幾次僅僅睡了三個小時，力氣都放盡了，但為自己居然能早起感到開心。

早起真的很困難，鬧鐘響十幾遍，

還得磨蹭二十分鐘，心想這麼睏，怎麼健身怎麼上班啊？但不管清晨幾點去健身房，總能看到一群剛洗完澡正在穿衣服的人。我很奇怪，他們到底是幾點來的？很多人說他們就是來洗澡的，可是能起個大早出門洗澡，也不容易。

訓練也是，隨著強度的逐漸增加，慢慢開始經歷艱難的過程。那些曾經看上去特別簡單的動作和練習，自己真的做起來，才知道其中的辛苦有多少。

雖然我是來塑身的，但看到周圍很多減肥的人，在跑步機上一跑一個小時，在健身房不斷進進出出換毛巾的場景，心裡總是特別震撼。我不知道如果我很胖的話，有沒有信心來這樣健身，甚至有沒有自信走進健身房的大門。

以前看到減肥成功的人，會驚嘆於他們的變化，自己經歷早起的困難與健身的辛苦後，心裡彷彿挨過了他們吃的所有苦，對他們那種幾十天甚至幾百天如一日的努力，和對自己的信心，產生更高的敬意，覺得堅持、毅力這種詞，都不夠形容他們。

曾看過一個故事，其中有個細節讓我很感動。女主角穿著十公分的高跟鞋，和客戶談生意一整天，人人都覺得她天生麗質，美腿美顏還能穿高跟鞋，但誰知道晚上回家，絲襪已經和腳上磨破的傷口黏在一起了，她用碘酒一點一點消毒皮膚，才能扯下來。沒什麼人天生麗質，只是看你願意把辛苦花在哪裡。

我看到的另外一篇文章，是講述英國五十個不同階層家庭孩子的未來。作者發現一個規律，中產和富裕階級的孩子，五十歲依然能保持較好的身材與容貌；而低收入家庭的孩子，五十歲大多禿頭或肥胖或大肚腩，他們的太太，絕大部分也臃腫不堪。

文中提到這樣一段話：人人都只看到他們與生俱來的優質家庭教育資源和社會環境，除了更好的生活品質和生活習慣外，其實在體形背後，更是他們家庭賦予的某種自律自強的精神。我們看到的只是身材，然而在身材另一面映射的是更多內容，因此我們對那些能長年保持自己體形的人，那些堅持不懈朝著自己目標奮進的人，由衷地表達敬意。在不為人知的角落，他們的付出，或許是我們所不能想像的。

這段話讓我震驚，也讓自己覺醒。一直以來過著優游散漫的生活，以為這就是自由，以為這就是灑脫，但各種凌亂與不安，總是圍繞著自己。

買來的瑜伽墊子，靠在牆邊一年多，躺在床上思考未來時，也恨自己為什麼不去行動，但半夜餓的時候，依然會去拿巧克力餅乾。這樣的日子在二十歲時叫自由，等到三十歲時就會看到惡果吧。

早上八點在健身房踩自行車時，放眼望去，整個健身房都是那些揮汗奔跑的、舉槓鈴累到需要吼一聲才能舉起來的、做平衡支撐趴地上吐舌頭的。每當早晨被鬧鐘吵醒難受時，每當想要和教練耍賴時，我總是提醒自己，要做一個自律的人。

早起訓練，給我帶來的改變，除了身體形態方面的重塑，更多的是精神上的飽滿與自信，不再頭昏腦脹、渾渾噩噩地度過每一天；即便是晚睡早起，也有足夠的精神，去面對一天的挑戰，笑容更自信，連打架都帶勁，彷彿回到初高中那種精力用不完的年代。

我開始相信，**高度的自信是建立在自律的基礎上，你必須很努力，才能看起來毫不費力。**

你來人間一趟，不是為了出盡洋相

楊喵喵

H和男朋友分手了，因為她發現對方劈腿。

按照道理，H應該二話不說先甩他個巴掌，然後一頓痛罵，轉身就走，但H終於還是忍不住，傻傻地問了對方：「你為什麼選擇她，放棄我？」

男生說：「對不起，你想聽真話嗎？好，因為你太獨立了。生病寧可自己一個人暈著去醫院，也不會告訴我讓我陪你；碰到下雨不方便搭車回家，也不會打電話叫我接你；受了什麼委屈，寧願一個人掉眼淚，也不會跟我吵、跟我鬧。」

「我和朋友打遊戲幾天沒見你，你還送零食給我，說你想我。你對我幾乎有求必應，但基本上從來都不提別的要求，看上喜歡的小玩意也不會撒嬌，說想要這個、想要那個。」

男生接著說：「你知道嗎？我喜歡這個女孩，就是她讓我覺得自己像個男人。她闖了禍，第一時間會哭著跑來找我解決；她生氣了會跟我爭執吵鬧，會躲在我懷裡放聲大哭，我費了好大的勁才能把她哄乖，可是那一刻我好有成就感。」

「為什麼你總是不表達、不生氣、沒脾氣？為什麼你總是想自己去搞定所有的事？對不起，你太獨立了，獨立到我覺得你根本不需要我，沒有我，你可以生活得更好。可是她不一樣，她需要我，離不開我。」

瞧，遇到渣男，往往就會得到一個這麼渣的分手理由。

有些善良的好女孩，從小到大都不愛撒嬌，後來卻發現，原來撒嬌非常管用。有時候，愛撒嬌的女孩，只要軟軟糯糯的一句話，笑一笑，別人的心馬上融化，就這樣，自己反而被襯得粗糙又堅硬。

但我想說的是，撒嬌也有區別，有的撒嬌如果換個說法，就是做作，而我也從來不信什麼「會撒嬌的女人最好命」。好好保護著自己的獨立和強大，一定會遇到對的人，欣賞你，守護你，陪你一起嬉笑，風雨同路。

所以，女孩們，把馬尾紮高，把淡妝仔細畫好，把煩惱全拋掉，灑脫一點。要知道，從前那個想笑就笑的你，多好。

我們都在花費大量的時間，在愛情裡去尋覓另外一部分自己，有人比較幸運，在年輕又美好的年紀裡，遇見了那個人，你們彼此出現在人一生中，最容易被辜負的時光裡，卻終究沒有辜負。

但也有的人，在度過漫長的歲月之後才終於遇見。然而最可悲的就是，某些人從找到那個人的瞬間開始，慢慢地就失去自己，變得完完全全以對方為中心，自己原本的生活反而被打亂。

不管你是男生還是女生，也無關已婚或者未婚，都應該有自己的喜好，有自己的原則，有自己的信仰，有自己的圈子，你要盡力保持住那個最真實的自己，因為道理只有一個——只有自己的心裡有餘裕，才能愉悅自身及他人，不出洋相。

換句話說，人身上所有的焦慮和戾氣，都是虧待自己造成的，你的生活究竟是精緻嶄新的小洋裝，還是粗糙扎人的麻布袋，全憑你如何取悅自己。

珍視自己，才是生活。知道自己希望被怎樣對待，才會真的幸福。

其實，取悅自己這件事，當你試過了也就知道，它根本就沒有那麼難，甚至並不需要太大的成本。

最基本的，平時知道用一點香水，好好打理頭髮，買自己真正有感覺的衣服，讀自己覺得有意思的書。慢慢地，你會變得落落大方，簡單而低調，俐落且乾淨。

更高級一點，可以學會兩道拿手菜，不是為了伺候誰、取悅誰，就是為了當所有人都沒在你身邊的時候，依然能善待自己挑剔的胃。

學畫畫，不是為了成名，而是在自己家裡的某個位置，能擺上一幅自己親手描繪的作品。

學會開車，也不是為了跟風和炫耀，而是不管在任何時候，只要想自己一個人出門時更加自由。

人啊，只有在最自信時，才可能是最美的，也只有對自己夠好，才能一直優雅到老。

舉個最簡單的例子，就像特意為誰剪了短髮，又為誰蓄起長髮，其實都有一點幼稚。根本不需要找那麼多外在的藉口，突然喜歡長髮那就留，懷念短髮想改變那就剪，自己開心，就是最好的理由。

說得更精確一點，這種自信，就像是在心裡告訴自己說：「我此生未必要結婚，但是我絕對會買一輩子的《Vogue》，美美到地久天長。」

當然，對自己好、愛自己，並不等於變得自私、自我姑息、自我放縱，而是成長為自己心中喜歡的樣子，不慌張，不畏懼，不辜負。

在你開始真正愛自己時，那些歡樂、有趣的事自然就會接踵而至，以你的方式、你的旋律、你的節奏呈現。

如果某一天，有人問你，你曾經做過最酷的一件事是什麼？

我希望你腦海裡浮現出來的畫面，是當年理直氣壯地對那個錯的人說了一句：

「噢，實在不好意思，我最重要的事是取悅自己，不是取悅你。」

被對的人愛著，才是最好的美容針

夏林溪

一個人有沒有遇到真愛，看他最近的臉色就一清二楚，如果他印堂發黑，兩頰無光，不是撞鬼就一定是愛錯對象了。

有次朋友揪團一起看電影《美容針》，本來那段時間工作壓力爆表，情緒有點沮喪，想不到看完後，心情頓時變得開低走高，莫名歡樂起來。和我一樣，同行的朋友們也是邊笑邊流淚。

晚上回家後，碰巧看見有網路推薦關於這部電影的影評，其中「原來一個女人被喜歡的人愛著，不用整容，顏值也會突飛猛進」這一句讓我印象深刻。

電影裡的女主角李堂珍在遇到真愛前，是個心懷浪漫但不修邊幅、衣著邋遢、面容憔悴的女作家。因為事業不順，生活拮据，感情空白，她眉宇間透露出苦澀和滄桑，像一潭死水，扔進一塊石頭也激不起半點水花。

我暗暗擔憂，這不就是一個大齡女子窮途末路的真實寫照嗎？

她日復一日的乏味生活，彷彿只有每天玩遊戲和寫作，才能帶來些許滋味。因網路遊戲意外結緣男主角，誤打誤撞上演了一齣笑料不斷的歡鬧愛情。這段經歷同時也順帶將她從塵埃中救出，她丟棄原本的邋遢，學會適度打扮，身材更加穠纖合度，眸子裡閃著亮光。

不管電影情節是否有誇張的成分，我們都不能否認，對於女人來說，被喜歡的人愛著，才是最好的美容針，面膜都能省了幾盒。

原來愛對了人，我們才會更懂得珍惜自己，願意在枝微末節裡，讓自己變得高貴和美麗。

現實情境裡，最怕的就是明明知道對方不夠愛你，但你就是不願放手，還一意孤行地讓對方糟蹋你，活該你越來越苦，長得越來越醜。

如今的阿鹿，站在條件相當的未婚夫身旁，讓大家在人群中一眼就能記住。得體的輕熟風裸色長裙，高高盤起的髮髻，自信甜美的笑容，使她看上去彷彿被一圈光環籠罩著。沒幾個人知道，兩年前阿鹿和前男友分手時，心如死灰、面如枯槁的樣子。

阿鹿和前男友是在朋友聚會中認識的，男孩可謂是撩妹高手，在情感方面幾乎是清純小白兔級別的阿鹿未能招架住。

阿鹿和前男友在同一棟辦公大樓裡上班，可是上下班時間，男友從不和阿鹿一起進出，說是被同事看見不方便，卻幾次被阿鹿碰見，他和其他女孩子說說笑笑一起出入大樓。

但這並未動搖男友在阿鹿心裡的位置，早起為他熨燙襯衫，下班為他買菜做飯。把自己買包包和護膚品的錢省下來，為男友添置新衣。短短幾個月，阿鹿把自己弄得蓬頭垢面，像是結婚多年為家操勞的中年婦女。

只可惜，即便是這樣，男友也沒有對她更加疼愛。反而在撩妹的路上越走越高調，阿鹿和同事幾次在辦公室附近，碰見男友與不同的女孩子談笑風生。

阿鹿有時也很鬱悶，回到家後兩人會大吵一場。幾次劇烈爭執之後，兩人分手。一群朋友去酒吧陪她，昏黃的燈光下，她一把眼淚一把鼻涕地問我們，為什麼自己的愛情這麼倒楣？

我心裡感嘆，阿鹿以前那麼可愛迷人，後來卻越來越像怨婦，連帶外表也越發不順眼。

慶幸的是，阿鹿早已從那段折磨不堪的感情裡走了出來，活出如今幸福的模樣。無論你曾經有多落魄、多辛酸，只要你遇見對的人，落魄和心酸都會消失殆盡，取而代之的，是溢於言表的幸福，而那種幸福感，是無論如何都掩蓋不了的。

愛情是一個光明的詞，被一隻光明的手寫在一張光明的冊頁上。深深認同，愛情就應該是光明的、美好的。但如果你喜歡的人並不愛你，那你的愛情就是黑暗的，連帶你的臉蛋也是晦澀無光的。

心心相印的愛情，才是永保青春的防腐劑。

蔡康永說過：「不要去愛那個本來就很美的人，而要去愛那個能使你的世界變美的人。」

我們嚮往美好的對象，甚至為了他甘願消磨自己的人生；想要得到對方，我們不斷地放棄，斬釘截鐵地放棄，最後連自己也被放棄。卻不知道，真正的愛情，並非以一方的犧牲為成全另一方的條件，而是攜手共同看見更美的世界，探索未來的風景。像是一杯普通的水，和喜歡的人在一起就會變成雪碧。他的手臂輕輕和你碰到，你心裡的氣泡就會滋一聲跑到嗓子，甜甜的，還亮晶晶的，好像剛才喝下了整條星河。

當你愛對了人，他會明白你的喜怒哀樂，他能深諳與你的相處之道，他也了解你的脆弱和敏感。當身處這樣的愛情之中，你會像個孩子一般時刻充滿好奇和動力，你會重獲樂觀的心態去面對生活，不再需要孤身一人，也不必為誰徹夜流淚。

你要做的，就是在甜蜜的生活中，讓自己過得更加精彩，並且相信，當你感覺自己越活越年輕，毫無疑問是愛對人的。

一個人過得好不好，有沒有被愛、有沒有被呵護，看臉便知道。表情不會騙人，妝容不會騙人，舉手投足間的狀態更不會騙人。

畢竟好的愛情才是情人之間的全效面膜，對吧？

4

你總要掉幾格血，才能刷出自己的存在感

你總要掉幾格血，才能刷出自己的存在感

文長長

正在看書的時候，大格的訊息就發過來了：長長，我好難過，快安慰我。很少見他用這麼急切的語氣說話，就馬上回覆：怎麼了啊？說說，我來開導你。

然後他開始很委屈地和我說：「我們公司老闆帶其他人出去談生意，不帶我去，我心裡好難過。末了他加上「感覺自己很沒有存在感」這句話。

不知道是因為他此刻委屈的樣子，和之前的自己很像，還是真的很心疼這個大男孩，我並沒有對他說好聽但根本沒有實質用處的話，而是很直接

了當：「你怎麼還像個孩子般在鬧情緒，這並不是多大的事，老闆有他的安排，你只管做好自己的事就行了，這個寵沒必要爭。」

接著他又說：「感覺老闆早就想叫我走了，心情備受打擊，我想辭職，出去流浪。」

說實話，聽到這裡，我也能從他的言談中，明顯地感受到情緒波動，也可能只是一時的氣話，就反問他一句：「辭職也行，但你找到工作了嗎？你有錢流浪嗎？」最後，我對他說了句：「你要知道，存在感不是別人給的，向來都是自己拚出來的。」

有個朋友阿貝，畢業一年多，從職場小白兔變成一個自己帶實習生的組長。有次到她公司送東西給她的時候，看見旁人都親暱地叫她貝姐，有什麼不懂的都來問她，她身邊人來人往忙得不可開交。

等她來找我時，我隨口說了句：「貝貝，你在公司好有威信的樣子，感覺她們都需要你，離不開你，太有存在感了吧。」她看著我反倒不好意思地說：「我的

Photoshop 特別好，英語也還行，有時候某些問題她們不能解決的，我很願意幫忙。」

我帶著好奇，繼續問貝貝：「那你在大家心中的存在感，是怎麼建立的？」

喝了一大口奶茶的貝貝，看著我認真地說：「淺層面上的存在感，就是讓別人感覺到你的存在；深層次的就是讓別人意識到你的存在。哪怕你不在他們旁邊，他們也知道你的存在，但說到底兩種存在感的獲取方式，都是自己努力拚來的。」

然後她開始講例子給我聽，最簡單的存在感就是讓別人知道你的存在。像很多人出去談生意，為了見老總一面等好久，稍微聰明一點的知道要製造巧合，例如到老總經常出現的地方，假裝不期而遇然後推銷自己，或者找個熟人安排場合互相認識一下，讓那些大咖知道有你這個人，印象好的話以後有合作機會都能來找你，這是表面一點的存在感。

深層一點的就是，得讓別人需要你，得讓自己成為不可或缺的核心，意即必須擁有一技之長。例如貝貝的 Photoshop 在公司是最強的，宣傳廣告圖片等都需要她動手支援。

你得記住，存在感這種東西，只能是自己給的，千萬不能依附他人；想要成為眾人的需要，得先讓自己強大起來才踏實。這是貝貝最後叮嚀我的。

我們都強調要體面優雅地活著，都想要別人看到你的存在，尊重你的想法，為別人對你的忽視暗暗難過，這也是很正常的反應。

讀幼稚園的時候，就會感到老師的偏心。你端端正正地坐好還時刻保持著微笑，希望見到老師時，她能誇你一句好棒，可是並沒有。你發現老師對隔壁桌的同學更好，會對他笑得很溫柔，會給他小獎勵。

這種被忽視的存在感，是我們從小就曾經歷的，稍大一點你會知道，想要別人注意，得做出引人注目的事，成績大幅進步老師會誇你，考了第一名老師會表揚你，極端一點的，當個壞學生也會引起老師的注意。

對我們很多人來說，被忽視或者覺得沒有存在感，是早就應該熟悉的感受，並且早就應該習慣了。或許你上班會被老闆同事忽視，出去談專案會被對方看不起，和其他人說話會被當作透明人，這些沒有存在感的行為，你早已了然於胸，一切都只是換了個環境而已，本質都沒變，你又何必為這些難過，覺得不被重視呢？

雖然很喪氣，但我們必須承認，沒有存在感真的是一件蠻正常的事，你不必難過得要尋死覓活。從小到大，我都不算是特別受人矚目、特別受老師歡迎的學生，讀書時成績平平，大學時不喜歡附和討好老師，工作時沒多大抱負也平淡得很，埋怨過老師偏心，也曾急著想要別人記住我，最後才發現存在感終究得自己努力才行。

從來不願去辦公室和老師拉關係的我，站在輔導員面前，她都不知道我是她班上的學生，頂著班委的稱號混得輕鬆卻也不被重視，班級評優評先時都是班長、學習委員全部輪完再到我。有次投票好不容易爭取到一個名額，卻被輔導員以班長貢獻大為由，直接把我刷掉，換成班長的名字。

我也曾怪過她，不只一次地覺得她偏心，等到我做出點小成就，她知道我還蠻不錯後，畢業前好幾次找我去辦公室聊些無聊的話題，還把自己的優酪乳果汁塞給我；臨近畢業本不抱任何希望的評先進，她卻在有名額之後，第一時間打電話給我，問我有沒有意願，有的話推薦我。作為班上掛職班幹部，本來每次開學需要我做什麼，都是她請班長轉告我，今年突然顯得我這個可有可無的職位很重要，為著一件很小的事都親自打電話跟我說。

一句很實在的話是，在她偏心別人的時候，我覺得她真可惡，但等到她偏心我的時候，我甚至打心底覺得她蠻不錯的。看吧，其實我們每個人都是主觀動物，對一個人的態度也是隨時可以改變的。她之前覺得我太普通，對我一般般，而在發現我還算優秀之後，竟也開始對我好起來，我在她心中的存在感倏地上升。

說這麼多，只想實實在在說一句，你在別人心中的地位，以及你的存在感，都是由自身附帶的東西決定的，包括實力、家庭背景、人際關係，甚至是長相。別把某人的偏心全歸結於他對你有意見，你得相信一切都是有原因的，你也可以隨時改變別人對你的看法。

阿羅曾經對我說過一句話：「你的實力決定別人對你的態度。或許這句話說得比較直接，但每個人心中都有一座天平，人們都是估量你的附加價值後，決定你的輕重，說到底，那些所謂的存在感終究是你自己給自己的。」

其實，不合群的你真的很酷

愈姑娘

學生時代，每個班級都會有幾個人的人緣好到爆，不管去哪裡都能呼朋引伴，永遠都是大家的焦點。班級活動時，他們總是最活躍的。

這些人性格開朗，能言善道，可以和老師稱兄道弟，可以和同學勾肩搭背。酒桌上，懂得說漂亮的敬酒詞；活動中，懂得如何炒熱氣氛。他們似乎認識很多人，很多人也認識他們，他們總能在路上，和形形色色的、我見過或沒見過的人熱情地打招呼。他們似乎有接不完的電話、回不完的訊息。

我曾經特別渴望成為他們這種人，和周圍打成一片，照顧身旁每一個人的情緒，對所有的求助必定回應，即使遭受誤解也能一笑帶過，跟所有人都有話聊，不把喜怒傷悲表現在臉上。

我羨慕他們的八面玲瓏，我羨慕他們的交遊廣闊。我想，他們是不會孤獨的吧，他們不會找不到人一起吃飯，他們生病不會找不到人陪，他們遇到困難不會找不到人幫忙，他們節慶假日不會有「不知道去哪兒」的惆悵。

於是，我也試圖做一個這樣的人，討好身邊所有朋友，努力迎合別人的期待，活躍在課堂上聚會上，盡力幫忙解決大事小事。

為了在她們聊天時能插上一兩句話，我看她們看的小說，追她們追的韓劇綜藝，我以為這是存在感。

室友去逛街、去遊樂場需要陪伴，我都會放下手中的事情，捨命相陪，我以為這是講義氣。酒桌上學會察言觀色，強顏歡笑，推杯換盞，我以為這是存人脈。

別人指著你的痛處短板打趣，只能尷尬地附和著，連生氣的勇氣都沒有，因為怕他們說我開不起玩笑。別人玩某一款遊戲、吃某一種零食、買某一類衣服，我也要跟著，因為怕別人說我不懂流行。

明明笑話不好笑，我也要跟著哈哈大笑，因為怕別人說我笑點高，掃大家的興。

寧可犧牲自己，也要對他人友善，換來所謂的好人緣後，身邊的確開始圍繞一些人，有人陪著吃喝玩樂，有人陪著上課下課，可是沒有一個能說心裡話的。有事藏在心底是莫大的委屈，話到嘴邊又覺得無足掛齒不值一提。每到夜深人靜時，孤獨感依然無孔不入。

原來努力合群的我一點都不快樂。

那天看到余華寫的一段話：「我不再裝模作樣地擁有很多朋友，而是回到孤單之中，以真正的我開始獨自的生活。有時我也會因為寂寞，而難以忍受空虛的折磨，但我寧願以這樣的方式，來維護自己的自尊，也不願以恥辱為代價，去換取那種表面的朋友。」

我終於明白，消耗大量時間精力換來的「你人真好」，完全無用，只是在浪費生命罷了。任何一段關係都不應該是錦上添花，而應該是雪中送炭。

人脈從來不是靠酒桌上的故意迎合，或說大話而來的，志同道合的朋友都是吸引來的。豐富自己比取悅別人更重要。

當我不再為了合群而合群，不再為了迎合別人而委屈自己，不再為了陪伴別人而犧牲自己，我有了更多的時間做自己喜歡的事情，看書、寫作、旅行，一切都按照自己的節奏進行。我發現這樣不合群的自己，反而更充實更快樂。

我不在意她們異樣的眼光，我不在意她們有活動不叫我。每個人都有選擇自己生活的權利，每個人都有適合自己的頻率，只是我的頻率恰巧和她們不一樣而已。

導演岩井俊二說過：「以前想要的，現在都不想要了。要是三年前，你問我想成為什麼樣的人，我一定不假思索地說，我想成為與所有人都能打成一片的人。要是你今天再問我同一個問題，我肯定說，我還是維持現在清高冷傲的狀態就好。這樣沒有人來打擾我，省掉很多不必要的麻煩。唯一需要做的，就是要耐得住寂寞。」

我們都是孤獨的旅人，與星辰作伴，與蟲鳥相依，只有憑藉自己的力量，走過一段又一段漆黑的路，度過一段又一段連自己都會被感動的日子，才會擁有柳暗花明的豁達與樂觀。

當我獨自走了很長一段路後，回過頭看看那些踏過的深深淺淺足跡，每一步都扎實有力，而那些我曾經無數次想融入卻沒融入的圈子，早已被我甩在後面，迎接我的是更好的自己、更大的舞台。

就像《生活大爆炸》裡面說的：或許你在學校格格不入，或許你在學校最矮最胖，或許你沒有任何朋友，但其實都無所謂。那些你獨自一人度過的時光，如組裝電腦，或者練習大提琴，會讓你變得更加有趣。等到有一天，別人終於注意到你的時候，他們會發現一個比他們想像中更棒的人。

其實，不合群的你真的很酷。

可愛心機

現實難免單調和充滿壓力，
嫌棄生活的枯燥卻止步不前，
詩和遠方便永遠是個空想。

×

這種自私的女孩，才自帶光芒

孫晴悅

我特別喜歡拉美周末的露天酒吧。

某個周末開了特別久的會，晚上結束後，我和 Ana 一起去喝酒。她是一家國際律師事務所的合夥人，保養良好，看不出實際年齡。金髮碧眼，笑起來眼神明亮，開會的時候冷靜、嚴謹，甚至有些咄咄逼人。

不是北京酒吧那種幽暗的氛圍，而是一種吵吵鬧鬧的歡愉。熙熙攘攘的人群，簇擁在木製桌子周圍，幾瓶啤酒，天南地北聊天，大笑，乾杯。

我問Ana：「一個女人能夠做國際律師事務所的合夥人，是不是很不容易？」

Ana大笑，她說：「全世界都是一樣的，一看到女性合夥人，大家第一個反應就是，她應該單身吧。或者，她是合夥人？那麼她不外乎四種狀態：單身，離異，正在辦離婚，或是拉子。」

一說完，Ana舉起杯子說「Cheers」，然後，拉著我的手說：「你知道為什麼沒有第五種嗎？因為，連我們女人自己都不相信有第五種。」其實Ana本人就是第五種。已婚，有兩個可愛的孩子，老公是一家金融公司的高級主管，周末常常一家人帶著狗狗一起去公園跑步。

我們女生就是這樣，還沒開始做呢，就先給自己設了一堆障礙，然後暗示自己，說我們不行，這樣不可能。

我們要考研究所，便想到讀完後就老了好幾歲，找工作沒優勢，找老公更沒優勢。所以說，算了吧。

我們找工作，想說不能太累，不能太有壓力，要隨時可以請假早走，要照顧家，照顧孩子。所以說，算了吧，隨便找份輕鬆的差事就可以了。

我們想辭職去遠方，看看這個世界，我們想，世界這麼大，女人的歸宿無非就是很小的家裡那個很小的廚房。所以說，算了吧，相夫教子，才是我們該做的。

我有時候在想，究竟什麼是該做、什麼是不該做的呢？

相夫教子就是應該，拚命工作就是自私嗎？

很多已婚的女人留言給我，她們說老公和孩子束縛了她們的發展，她們被綁在家庭裡，綁在廚房裡，不知道哪裡是出口。她們又說，不敢選擇自己想要的工作，想要的生活，追求自己想要的理想，因為很多人都會問她們：「你為什麼這麼自私呢？為什麼就不考慮考慮家庭呢？」

我記得這個問題，在那個周末的晚上，我問過Ana。

「沒有人說你自私嗎？你只要你的事業，你的成就，你的理想，你把大部分的時間放在工作上，那麼你的老公，你的婆婆，都沒有怪你嗎？」

「女人的角色到底是什麼？相夫教子，這是你全部的人生定位嗎？好妻子和好媽媽，是你全部的人生角色嗎？不是的。你首先是一個人。」

Ana說完後起身去拿炸魷魚，我說：「這麼高熱量的食物，不是美女的風格啊。」

她又倒了一杯酒，說她花了特別長的時間，才明白這個道理。今天我問她這個問題，讓她再次回憶起，自己從二十多歲到現在走過的路。她說她自己走了很多冤枉路才懂得，而太多的女人一生都在這個問題上打轉，一生都沒有明白。你首先是一個獨立的個體。

你健康飲食，鍛鍊身體，打扮漂亮，大方得體，有一份自己熱愛的工作，養活自己，經濟獨立，有自己的朋友圈，有成就感，能夠自我實現，這是一個獨立個體的基本配備。

然後再去想，你還有什麼身分，是一個妻子，還是一個母親，這些都不是優先順序。你自己是一個人，先把自己弄明白了，才是最重要的。

這是自私嗎？當然不是。

這是每一個人最基本的素質，也是一個人最起碼的擔當。

一個人不需靠別人而活。但首先要讓自己精神飽滿，神采飛揚地生活在這個世界上，然後她才有能力去成為一個妻子，扮演孩子的媽媽。

因為這兩種角色的根本，是這個女人本身。

Ana說她生完第二個孩子後辭職在家，照顧著全家的生活起居大小事，每天都在廚房和孩子臥房裡團團轉，但是有一天，她的大兒子問她：「媽媽，你什麼時候還能穿著漂亮的衣服去上班？」那一刻，從辭職以後所有的委屈和壓抑，一股腦兒湧上心頭。

她瞬間才明白，孩子不需要一個不快樂的媽媽，老公也不需要一個把家務全包但不快樂的妻子。所以，老公和孩子重要，還是自己和工作重要，這個問題根本就不存在。

你完全沒有自我，那麼老公和孩子需要你的部分，你同樣也無力承擔。你不能成為一個讓孩子驕傲、視為榜樣的媽媽，反而像是還算稱職的二十四小時全天候保姆兼管家。

你連自己都不要了，把你所有的希望、價值實現、未來願景都轉接到老公、孩子身上，這才是最大的自私。後來，Ana 苦學英語和國際商法，艱難地重回職場。但是她說，她後來擁有特別多美妙的時刻。打贏官司全家人替她驕傲的時刻，升職成為這個國際律師事務所唯一女性合夥人的時刻，全家一起去外灘喝紅酒替她慶祝的時刻。

在上述美妙的時刻裡，她發現，原來在自我實現道路上奮鬥的日子，哪裡是什麼自私；自己付出的汗水和努力，才是對這個家庭最有責任的擔當。

別讓你的萌，在職場裡變成蠢

徐多多

對於女孩子來說，能擁有一張可愛無害的臉蛋，確實是一把天生利器。適當地賣萌，可以搞定很多男孩子難以解決的小麻煩，但是如果不分場合地賣萌，那簡直蠢透了。

和Nancy周末見面時，她說：「我昨天在辦公室開除一個女孩。話出口的那一刻，她一雙大眼睛瞬間充滿淚水地看著我，那樣子讓我心生憐惜。」

「怎麼了？能力讓你不滿意？」

「不單單是能力問題，在過去半年

的工作中，她這樣的楚楚動人，簡直快讓我喘不過氣來。」

這個女孩叫小漁，是Nancy公司去年畢業季招聘時，作為實習生找進來的。Nancy任職一家在業內小有名氣的廣告設計公司。為了事業體後續穩定發展，即使在招募實習生的時候，也算得上是格外嚴格的。

小漁面試時，沒有答出幾個重要的問題，按理說是不應該錄取的，但她一再表示自己很願意學習，希望得到這次機會，一雙大眼睛萌萌地看著面試官。

誰能忍心拒絕一個二十幾歲小女生的請求呢？小漁就這樣被留了下來。

小漁剛進來的時候，大家還是蠻喜歡她的。她長相端正，又帶著可愛的學生氣，瞬間給整個部門注入活力。每個人都是從職場菜鳥成長起來的，和一些剛畢業的實習生一樣，小漁也常常犯一些小錯誤，同事們也願意包容。但讓人擔心的是，她在同一個問題上，總是重複出現錯誤。

核對資料這種事，除了仔細認真外，不含任何技術層面。可是小漁每次核對後提交上來的內容，都會有非常明顯的錯誤存在。即使退回讓她重新檢查，交出的資料依舊是錯的。

這樣類似的事情，幾乎沒有避免過。

一篇文檔裡字體字型大小不統一，更是成了常事。與她合作的同事難免厭煩，而小漁每一次都閃著一雙大眼睛似哭非哭，讓人不忍心再多說什麼。

職場就是職場，它是適者生存的叢林，不是象牙塔。在生活中，你轉不開一瓶礦泉水，修不好一台電腦，賣個萌尋求幫助，人們會覺得你是一個可愛的妹子。但是在職場，你必須切換另一種生存模式，畢竟你是來工作的，不是來賣萌的。用萌來為自己的不認真做保護色，這時候的「萌」就成了貶義詞。

但就如 Nancy 說的，開除小漁並非只是能力問題。

上個月，她們公司約了合作廠商的負責人開會。兩方人員在會議室正襟危坐，討論執行方案的相關細節。當對方詢問是否可以馬上簽約的時候，Nancy 表示要回報老闆等候批覆，不過真不巧，他有點事出差去了，不在辦公室裡。

Nancy 話音還未落，一起來參加會議的小漁直接打斷她，然後一本正經地糾正不是出差，而是去參加另一個會議。Nancy 當場愣住，頓時臉上三條線。對方負責人面露不悅，導致氣氛十分尷尬。Nancy 為了緩和場面，主動提出邀請，與合作廠商共進午餐。

Nancy 一臉無奈地說：「我轉頭看那小妞的時候，她居然還向我吐了一下舌頭。我當時感覺有一萬頭草泥馬從我心頭奔騰而過。你說這姑娘是不是在逗我玩呢？」

真性情是好事，與這樣的人在一起不用刻意防備，會很放鬆。但它的前提是，不能因此而傷害別人，置別人於尷尬的境地，需要知道怎麼合理地表達，做到最起碼的尊重。

在合適的場合恰如其分地賣萌，不是件容易的事。真正的可愛與萌態，絕對不是把賣萌當作資本，去為自己的錯誤埋單，而是在獲得讚賞時適當地謙虛，是在陷入僵局時機智地圓場，是在面對錯誤時誠懇認錯，把賣萌作為自身一點點的附加價值，而不是當作最大值。

職場和生活，需要的是不同版本的你。可愛是一種珍貴的資源，別讓這種寶物在不適合它的平台裡變成蠢貨。

脾氣這東西多了不行，沒有更不行

萬特特

生活總是見縫插針，
把我們這些小可愛逼到爆炸。

1

生活中和人吵架，大多都是些瑣碎的事情。

從前因為在父母身邊，許多問題都是父母處理，自己昏昏然覺得生活哪有什麼煩惱。一個人在外獨立生活後，很多事情很多細節，都要我開始自己張羅時，才發現真是力不從心。

過去我一直認為，凡事都有規則，只要講道理，有契約精神，基本就沒什麼問題。可事實上並不是這麼一回事。

我平日裡常常提到「得體」兩個字，可是最近的遭遇，讓我發覺，即便你要求自己得體了，可不見得能被得體的對待。

在租房的第二年，我給自己首付一間房子。挑來選去，我最後選擇了一家口碑不錯的大品牌裝修公司，即便他家的價格貴了一點。認真看完合約，簽字，付訂金，就開始動工了，誰能想到，第一步運輸水泥沙子就出了問題。

工人將沙子抬到我家樓下後，打電話給我，才跟我說告知我運水泥上樓需要付費。What？合同裡明明寫著這部分沒有額外費用，何況我一個女孩子，怎麼扛著沙子上樓呢？「妹妹，這個確實不是我們負責的，人工抬上去需要付錢的。」我驚得一時說不出話來，想了想，給他主管打電話說明情況，最後主管做出了一副遷就我是個女孩子，照顧我，讓工人幫我把沙子抬上樓的姿態。

我當時就有種預感，這只是開始，裝修這幾個月我就別想輕鬆了。果不其然，沒過兩天，我又和物業因為借手推車的事吵了一次。細節太瑣碎就不說了，總之就是該做的記錄我都有認真填寫，負責的人故意為難我，電話裡好說歹說，就是解決不了。我氣鼓鼓地去物業討說法，撕破臉吵了一架，放狠話要向主管投訴，事情就解決了。

還有一次我去銀行辦理業務。

那時候銀行剛剛開始使用機器服務，櫃檯明明有工作人員卻不給我們辦理，一大堆人在機器哪裡排隊。排了40分鐘，好不容易輪到我，卻因為臉部識別不出來而不能進行下一步，無奈只好找來工作人員，他們說讓我去櫃檯辦理。可是櫃檯人員隨隨便便劃一下卡，就說：「沒什麼問題，臉部識別有時候不靈敏，你還是去機器那邊吧。」我回過頭，機器那邊已經排了更長的隊。

「我不過去重新排隊了，我就在這辦理吧。」

「辦不了，你去那邊排隊。」

大概是夏天火氣大吧，我隔著玻璃和裡面的工作人員理論起來，「我已經耗費了很多時間排隊，是你們的服務有問題，把我折騰來折騰去，現在還要我重新排隊？」

櫃員白了我一眼，不說話。負責人過來說帶我去機器那邊辦理，我拒絕了，我要求在櫃檯現在辦理，不然就投訴你們。哎，那一刻我真覺得自己像個市井小人，拿投訴嚇唬工作人員，可是有什麼辦法呢，我規規矩矩按要求辦事的時候，並沒有用。負責人進去和櫃員小聲說了幾句，櫃員用極其不爽，卻無可奈何的複雜表情幫我辦完了業務。

所以想想，那些沒信用不敬業的人會因為你的包容和體諒就學會善待別人嗎？我想未必吧，反而容易看人找軟柿子捏。

我不是說要鼓勵大家去吵架，去做罵街的「潑婦」，我只是透過自己身上的經歷去思考，我們可以善良和適度寬容，但不要當軟柿子，遇到不合理的對待就要為自己的權益據理力爭。

2

朋友槍槍在一家知名公司的市場部實習。

年後公司接了幾個大客戶的專案，為了選拔人才，公司破天荒的將幾位重要的客戶，分給了她們實習生。槍槍和另一個女孩一組，合作了一段時間之後，那女孩提出分工，建議性格內向的她多負責資料市場調查和書面工作，而自己善於溝通，負責跟客戶和老闆及時彙報工作。

槍槍立刻答應下來，根據自身特點負責相應的工作，這樣節省了時間，加快了工作效率，有什麼不答應的呢？雖然項目推進過程中幾次受阻，但我們都知道，實習生的熱情和努力總是超乎我們想像的，最後她們如期提供了領客戶滿意的方案，槍槍心想：實習期應該可以順利通過了。

專案結束的第二周，主管在部門會議上，高調表揚了那個女孩對此次項目的付出，以及認可。並破格提前結束她的實習期，正式進入市場部，明天就可以辦入職手續。

會議最後，主管用輕飄飄的語氣說：「另外，這次淩槍槍也表現不錯。」然後就沒有然後了。

委屈、疑惑、不公平等等小情緒翻滾在槍槍的心裡，可她實在不知如何開口問老闆和那位同事。

槍槍說：「所有的資料分析，所有的市場調查都是我做的，熬了多少個夜我都不記得了，黑眼圈現在還沒有消。自己的努力被一筆帶過，已經讓人很心塞了，為什麼同樣的情況，別人卻得到了更多。這個世界太壞太不公平了。」

我在微信上寫：「與其這樣在心裡委屈自己，為什麼不講出來呢？去主管那裡說明情況。」

寫完後，我又一個字一個字的刪除了。因為在打完字的那一刻，我已經想到她會怎樣回覆我了，比如：主管會怎麼想，肯定覺得我工作沒有別人努力，卻來邀功吧；當面對質，和同事的關係不就僵了嗎；部門同事會不會覺得我是個很難相處的人，不利於以後工作吧……。

果然，在我還沒回覆她的時候，她又發來一段語音：「算了算了，忍忍好了。書裡不是說了嗎，是你的誰也搶不走。」

槍槍這樣忍氣吞聲已經不是第一次了，職場如此，面對愛情的她也是如此。

在車主的年末聚會上，槍槍認識了劉先生，劉先生很主動的要了她的微信，早晨是「起床了，記得吃早飯」，下班是「注意安全，乖乖回家」，晚上是「小寶貝做個好夢」，言語間透露著「你是我準女友」的親密和曖昧，兩人見了幾次面，在一場電影結束之後，他牽了她的手。

槍槍像所有動了心的小女孩一樣，為他熨燙衣服，為他洗手煲湯，為他準備禮物，為他製造驚喜。以為甜甜的戀愛終於輪到了自己，劉先生卻走了所有渣男慣用的套路，從甜蜜滿滿到不冷不熱，再到銷聲匿跡。

其實也算不上消失，劉先生依舊在朋友圈發自拍，轉發搞笑微博，但唯獨對槍槍的消息愛理不理。

「在幹嘛？」

「沒幹什麼，睡了，安。」

槍槍登錄遊戲，發現劉先生線上。

「週末去看電影吧。」

「最近工作忙，週末想在家休息。」

週六那天的微信運動，劉先生走了一萬三千多步。

「我們買一套情侶裝怎麼樣？」

「算了吧，太幼稚。」

當晚劉先生發朋友圈，說自己是單身狗一枚。

3

槍槍鼓起勇氣打電話過去，得到的也不過是冷漠的幾句敷衍：「我在忙，以後再聊吧。」

很明顯這就是現在最流行的「洗衣機式的戀愛了」，先泡著你，纏著你，圍著你轉，如膠似漆地糾纏在一起，再把你榨乾，然後就把你甩在一邊，晾起。

她糾結了許久，來找我商量，問我：「我覺得我被備胎了，你說，我是不是應該開門見山的問清楚呢？問他到底是怎麼想的，問他到底有沒有把我當女朋友？」

可每次情況都一樣，還沒等我回答，她便否定了自己：可是他也沒鄭重其事說過讓我做他女朋友，是不是我自己自作多情了？他拉我手又是什麼意思，難道不是默認戀愛關係嗎？還是只是隨便聊聊呢？但是我這樣問他，會不會顯得我想太多呢？

那麼多的疑慮和質問，可直到兩人徹底涼涼，槍槍也沒能問出口。兩個月後，劉先生刪掉了她的微信，而她只能暗戳戳的註冊一個微博小號，時不時的看著他的動態長籲短嘆，感慨渣男套路深。

槍槍也不是完全糊塗的女生，從劉先生發朋友圈也沒有封鎖她開始，她就知道他對自己並無真情。可她的怯懦讓自己變得越來越沒有存在感，越來越不被在意，越來越不被照顧。活在自己搭建的泥巴世界裡，別人怎麼救你呢？

一個人所有的懦弱和膽怯都是在懲罰自己，所有的雞湯、雞血、大道理，歸根到底不如 speak up。

4

我也曾經是個「脾氣特別好」的人，用「好」形容並不準確，正確來說應該是「膽怯」。

邁出一步前先腦補種種的可能，猜測別人會如何看待我，會不會損害我在別人心目中的印象或好感等等。活得沒勁且膽小。旁觀好心者或許會誇一句恬淡如水與世無爭，而我自己卻心知肚明，像是一隻小白兔似的戰戰兢兢如履薄冰的我，過得一點都不開心。

我從未刻意學習過如何變得強硬，不過是在成長中栽進一個又一個坑之後，才明白，人要學會保護自己。這保護有時是默默無聲的，為自己積攢能量，但有時它必須發出怒吼。

別輕易辜負自己，你要勇敢為自己發聲，說「不」，說「我需要」，說「我不願意」。

沒有人願意耗費精力去做凶巴巴的人，只是很多時候，我們乖巧溫柔得體地去表達訴求，未必可以得到真誠的回應，事情也未必能很快的解決。

這個時候，姿態稍微強硬一點，雖然是無奈之舉，不過往往確實比較能解決問題。我只是不想，當你面對生活的堅硬時，過於在意面子和膽怯，從而讓自己委曲求全。

人啊，還是要能糙能細。脾氣這東西多不得，一點沒有也是萬萬不可的。

該得體的時候必須得體，該理直氣壯維護自己的時候，半點都不要怯懦。因為心不怕苦難，它怕委屈。

願你出走遠方，歸來不再彷徨

萬特特

再見到 Bella 時，是我去機場接她。她拖著幾個行李箱，灰濛濛的臉色加上滿身疲憊。Bella 的嘴角擠出一絲勉強的微笑：「親愛的，我終於知道什麼是理想很豐滿、現實很骨感了。」

我腦子裡突然閃出一句話：一直以為人是慢慢變老的，其實不是，人是一下子就老了。

一年前，Bella 在工作中遇到瓶頸，又困於和同事之間的隔閡，再加上辛苦多年未曾真正休息過，便提出了辭呈。

財務自由的她，馬不停蹄地開始計畫起，她曾經無數次嚮往的生活，去大理追求她的文藝夢想。她說她想開一家精緻的簡餐店，平日裡看陽光斑駁的古城，路上有安逸的行人和貓，偶爾攝影采風，跟來往的遊客聊聊見聞，聽聽他們的故事，然後記錄下來整理成合輯，餘生就那麼閒散自在地活下去……

當 Bella 和我描述這一切的時候，她的眼睛裡閃著光芒。那時我有種想哭的衝動，從內心裡佩服她有勇氣去追求「詩和遠方」的生活，放得下現有的一切，抽身於城市的車水馬龍，空留在雞飛狗跳的瑣碎中掙扎，在日日苟且中的我們，一臉的羨慕嫉妒恨！

送別的時候，她對我說：「我會把在那裡聽到的故事，記下來寄給你看，充當你寫作的素材。」

那一刻我有點不捨和傷心：「等我有空了，去大理看你。」

我以為再見她時，會是在大理的某家小店門口，細碎的陽光在她的頭髮上跳躍，微風淘氣地吹起她的裙角，她懷抱著喜愛的貓咪，聽歌、寫詩，文藝清新，與世無爭。

一年後，她又重新投身到被我們反覆吐槽的繁忙之中。

Bella 說，自由舒適的日子過久了，與繁忙焦躁的日子過久了，結果都是一樣厭倦。陽春白雪的純粹享受多了，忙碌的折騰生活，反而莫名讓人懷念起來。那些職場上的爾虞我詐，為一項任務操碎了心、拚盡全力的充實感，和其他團隊的明爭暗鬥，想想都讓人熱血沸騰。

書上沒有騙人，大理確實很美，但你日日生活在那裡才會知道，平常的瑣事並未減少。盯裝修、拉客戶、註冊登記、操心水電。而且那裡老舊的木質樓梯，在你踩下去的每一步，都會發出「咯吱」的聲響。由於文化的差異，和當地人溝通是件很頭疼的事。短短幾個月的水土不服，就把 Bella 的腸胃折騰出毛病。

當我們看到書上寫著「這一生要來一場說走就走的旅行」「一定要去一次西藏或雲南」；當別人說著「所有的財富、權力都是過眼雲煙」「要做就做一個歲月靜好、與世無爭的人」時，我們誤以為歲月靜好就是這麼簡單。

或許很多時候，並不是理想和現實的問題，而是我們根本就不知道，自己內心真實的需求。我們在書裡和電影裡，看到怡然自在於遠方，你以為那就是你畢生追求的生活理想。

但其實，大部分人需要的僅僅是，對現狀不滿又無能為力時，一個短暫的避世。度個假就好，別把它當成另一種人生。

存在於想像之中時，你會不停地去美化它；當你得不到時，你就會不停地給自己想要的加碼，繼續美化它，無限地擴大那種美好；等你真的去實現它時，也許等著的就是死水一般的無聊。

我也有不少奔波在北上廣的朋友，偶爾也會有衝動，想要辭職四處看看，像那些環遊世界的人一樣，充滿勇氣和信念，看著紀錄片裡那些驚心動魄的生活，心裡充滿了嚮往和羨慕。

但轉個念頭，辭職後短時間裡自己就沒有經濟來源。想想這幾年除了坐辦公室，也沒有修鍊出更多的生存技能，更別提吃苦受累了。這樣一想，放心出去走走的金錢保障似乎並不具備。

歌裡唱著「生活不只眼前的苟且，還有詩和遠方的田野」，公眾號裡寫著「只要你想，沒有什麼不可以」。

可是環顧周圍，能做到的有幾人呢？我們都不是少數派，且是芸芸眾生中普通的一員，不是懼怕付出，而是害怕付出之後，沒有自己想要的結果。

如今朋友們聚在一起，很少再談論自己對未來的夢想，即使是當教師的、搞音樂的、開咖啡店的、做導演的，越來越多的人，討論的都是關於收入、房子、理財這些問題。

自己的能力和周身的牽絆，不允許我們逃離現在的生活，而且所謂的逃離，根本不具有解決問題的實質作用，於是只能作罷，依然守著自己的崗位默默不甘心。

於是，我們焦慮。

唯一的辦法，是在人生困難糾結處，為自己尋找一個出口。因為人生不會一鍵重啟，只能選擇迂迴和繼續前行，偶爾在自己的出口裡自省、發現，別總是想著逃避，誰都逃不掉。

許多人說厭倦眼前生活的苟且，無非是討厭當下的自己。**其實，現實難免單調和充滿壓力，嫌棄生活的枯燥卻止步不前，詩和遠方便永遠是個空想。**你苦苦尋找生活的意義，當下沒有給你答案，不是換一個地方生活就會豁然開朗，也不是走到天涯海角就真的到了世界盡頭。

不妨嘗試著將普通的事情做到極致，或許有一天，你會驚訝地發現，曾經以為難以忍受的苟且，會赫然變成夢中的遠方田野。

為了達成自己的人生目標也好，為了財務自由也罷，總歸是年輕就該有年輕的樣子。在職場裡大展身手，為夢想孤注一擲，品過生活的艱辛，面對現實的碾壓，一點點為自己的心建起堡壘，為自己的生命磨出厚度。

當你很確定自己想過的生活，還有一件能打發餘生並樂在其中的事可以做，那就算偶爾被煩惱打擾，你也知道，讓自己的心沉澱下來，生活就是當下，就是此時此刻。

從前我欣賞那些離開喧囂的人，現在反而欽佩在吵雜聲中，還能保持內心寧靜的人。就好像他們在腥風血雨、處處殺機的江湖中自顧自地行走，內心如有一汪小溪在流淌，叮叮咚咚。

我很喜歡的一位作家說過，生活總是艱辛，日子依然漫長，你和我都是時代洪流裡非常微茫的存在，但是再渺小的個體，也要活得敞亮、自在，散發著光芒。

願你出走遠方，歸來不再彷徨。

與喜歡的一切在一起，和年紀沒有關係

楊喵喵

首先聲明，以下不是廣告。

當你路過東京銀座的鈴木大樓時，可能會瞥見一家亮著暖調燈光的小門面，落地的玻璃窗內大概只有一個人影，手捧著一本書，低頭認真閱讀。

於是你以為這是一家書店，抱著隨便逛逛的心態走進來。結果你發現，這家店實在太小，大概也就只有一兩坪。沒有書架，唯一的家具，是一張年代感十足的桌子，也是這家店的收銀台。除此之外，牆上倒是掛了幾幅畫。

你感到疑惑，門簾上明明寫著「森岡書店」，可是什麼都沒有。要知道，在寸土寸金的東京銀座，即使再小的店面，也不敢這樣「浪費」寶貴的空間。

其實，這真的是一家書店，老闆是一個叫森岡督行的年輕人——「一室一冊・森岡書店」，意思是「一間房，一本書」。這如果不是世界上最小的書店，也必然是世界上藏書量最少的書店。

森岡書店每周只賣一本書。在這裡，讀者沒有任何挑選的餘地，他們只能選擇買或不買，但通常情況下，踏入書店的人離開時都會帶走這本書。

這不是一個噱頭，而是森岡督行在電子書盛行、網路購書成為主流、實體書店紛紛倒閉的當下，為讀者做出的新選擇。森岡督行和他的團隊，每周精心挑選出一本好書在店內販售，再根據這本書構建一個相關主題，策劃一系列與這本書有關的展覽、活動、對話，而這些體驗是讀者無法在網路上獲取的。

其實，很多人進書店並沒有抱著明確的目的，他們不過是來挑挑揀揀，遇到一本好書，也成了一件需要碰運氣的事，或許在千挑萬選之後，還是選到一本普普通通的書。

所以，他們常常在幾本書之間糾結，就好像買菜一樣，牛肉看起來新鮮一點，但我更想吃豬肉。掙扎了半天，終於把豬肉買回家，這才發現，原來豬肉竟然被灌水過。

數量繁多的書籍，常常使讀者迷失其中。森岡督行想做一件事，挑選新鮮的牛肉，剔除灌水的豬肉，幫助讀者做出選擇。因為他明白：收藏一件精品，比收藏一麻袋垃圾要更有價值得多。

到這裡，你大概已經明白，我想說的無非就是：**你的生活應該是精選之後的樣子，那樣才是你自己的，也才真正值得一過。**

當然，現在的你，年輕又彷徨，想法很多，迷茫也很多。但正因為這樣，更要請你記得，別急著把太多的人和事請進生命，要學會專注，學會挑選，甚至學會捨棄和拒絕，並為此負責。

我們常常會遺憾甚至埋怨的一件事，就是從事一項與自己最初的興趣完全無關的工作。這常常就是人生最弔詭的地方。你最喜歡的事，一般不會成為你的工作或者職業，所以，你總覺得自己懷才不遇。

可是，換一個角度來看呢？

你有沒有認真想過，喜歡的事成了自己的事業，其實也未必是一件多美好的事。你要知道，基本上，任何領域都有自己既定的規則和體系，也會有很多很多的條條框框，而它要為你提供生活所依賴的物質保障，就必定要求你足夠專業。可是，一旦如此，長年累月下去，原先被加之於愛好之上的那些喜歡和興致，那些因為距離產生的美感，就很容易被磨平，被消耗。

所以，哪怕是你眼中最幸運、最無憂無慮的人，也依然需要在自己的本職工作之外，找到可以大膽安放靈魂和精神世界的家園。

工作永遠都只是人生的一部分，在它之外，你要為自己保留一點真正喜歡的東西，去做一點你真正想做，並讓你覺得十分享受的事情，哪怕真的是在「浪費」時間，但它就是你想做的事。

你不會依賴它養家糊口，然而，正是它無法供養你，但你依然如此喜歡，你就已經不能說它毫無意義，是不值得的。那是任何物質都無法衡量的東西，你說，它有多可貴？

無論人生的際遇如何，你要相信，你想得到什麼，總得拿出點代價來當作交換。

畢竟，那個更好、更美、內心更有力量的自己，從來不是平白無故出現的。

記住，你擁有什麼，才有資本換來什麼。

所以，別總是遺憾自己懷才不遇，也別羨慕別人如何光鮮亮麗，每一種生活都有它自己的美麗與哀愁，也都有你必定要親自承擔的東西。

可愛心機

你的生活應該是精選之後的樣子，
別急著把太多人和事請進生命，
要學會專注，學會挑選，甚至學會捨棄和拒絕，
並為此負責。

太窮的時候，很難活得光鮮亮麗

林宛央

二〇一一年我二十二歲，大學畢業收到聘用offer，一個人來到現在生活的城市。懷揣一張畢業證書，和大學時期打工賺來的幾千塊錢。我對自己說：「你得在這個城市活下去。」

一個人，吃住是最大的問題。我優先考慮住在公司附近，找了幾家仲介，問了一下房租，我就傻眼了，哪怕是最小的房子，我也無力承擔。

和很多人一樣，我最終選擇了城中村（指留存在城市區域內的傳統鄉村），環境差又髒亂，和周星馳的電影《功夫》裡，你所看到的場景幾乎一模一樣。廁所是公用的，沒有廚房，衣服像萬國旗一樣，從一樓一直掛到十幾樓。走廊常年都是濕答答的，泛著貧窮所特有的潮氣。

房東大叔為我打開其中一間屋子，我看了看那張小小的床，覺得沮喪極了。就在前一個月，我還和同學把酒話未來，描述自己心中理想的房子，就算不能面朝大海，至少也要有一扇大大的落地窗。但眼前，只有一個大叔拍著我的肩膀說：小朋友，這是夢想起飛的地方。

我很懷疑，這樣潮濕的環境，能滋生什麼樣的夢想？但不得不就這麼住了下來。那時候我想，一定要好好工作多賺獎金，趁早搬出這個破地方。

城中村是個很奇怪的地方，我更喜歡稱它為村中城。一個小小的村子，囊括了城市的聲色犬馬，酒吧、KTV、餐館、服裝店，應有盡有，當然基本都很廉價。即使是那種廉價的奢侈，我也消費不起。通常我只是穿過長長的小吃街，買兩塊錢的小菜拎回家，邊吃邊熟悉報社的一些企畫流程之類的。我要把錢留下來解決基本的溫飽問題，畢竟距離拿薪水還有一個月的時間。

生活的美妙，往往在於它的出乎意料。

到了發薪的日子，我沒有領到薪水。那一陣子，單位重組合併，財務上的流程還沒走完。所以，我更窮了。漸漸地，連晚餐那兩塊錢的小菜也省掉了。住在隔壁的女孩問我：「咦，你最近怎麼都不吃晚飯了？」我笑了笑，回她：「減肥啊。」然後關門忍著餓，繼續寫我的企畫和專欄。

一直到工作的第三個月，薪水也沒有發下來，我手裡能用的錢，只剩下二十元。當然我可以開口向爸媽要，但一想到畢業了還當伸手牌，覺得不好意思，所以就逼自己說，再忍忍看。

接下來的一周，我靠吃麵條度日，用一個電熱杯煮點麵，配一點鹹菜，那是我最窮的歲月。

我覺得快撐不過去的時候，有個同學告訴我，她認識一個攝影師，要拍一組淘寶衣服的穿搭，酬勞是五百元，我就同意了。照片快拍完時，主編打電話給我，說有個很急的稿子要趕一下。於是我匆匆拍完，妝也來不及卸乾淨，濃得掉渣的粉糊在臉上，成片成片地掉。但我沒時間注意這些，背著包就往網咖趕。

走到城中村口時，一個男人遞了張字條給我，上面是他的手機號碼。我印象非常深刻，因為他對我說：「多少錢一晚？」我呆立在那裡一會兒，趕緊那張字條就走了；我當然沒有打電話，但那張字條我留了很久，我想記住那種恥辱感。

之後，我拿了其中四百塊，批發一些女孩子的飾品，在晚上下班後擺起攤來。因為款式新，價格也便宜，竟然很暢銷，不到一個月，我賺了幾倍。

擺攤最多到九點半就結束了，我強迫自己看書或者寫兩個小時的文字，那時候，也沒什麼具體的概念，就是寫一寫平常讀書的心得。其中一篇，被一份雜誌選用了，北京一個出版社的編輯剛好看到，覺得不錯，便聯繫了我；她對我說，她要策劃一本必讀經典的書評之類的作品，希望我能寫幾篇樣稿，如果通過審批，就簽出書合約，預付三十％的稿費。

那時候我沒錢，也想嘗試一下，就答應了。她提醒我，只有一個晚上的時間，要一萬五千字的樣稿，明天早上八點之前，收不到稿子就算了。

可是我連筆記型電腦都沒有，平常都是寫在日記本裡，之後再趁午休，敲進公司的電腦裡，所以我只能去網咖。那一天，我在裡頭寫了一整晚，周圍人聲嘈雜，我戴著大大的耳機，靠強大的毅力驅散菸味、泡麵味，才能進入自己的世界。

第二天早上的六點鐘，我才把稿子發過去。兩天後，編輯告訴我通過了。

之後，我逐漸告別那段最窮的日子。

我寫這些，不是想說我有多努力，而是想表達，當窮到吃飯都成問題的時候，人很難活得光鮮亮麗、姿態優雅。相反，往往會很狼狽，很委屈。

所以，當我的專欄負責人和我說，你能不能寫一寫關於「品質生活」的主題文章，譬如「房子是租來的，但生活不是」之類的，寫一寫窮人是如何維持生活品質的。

我把這段經歷講給她聽。我曾經那樣的窮，也捱過租房的生活，對於很多房客來說，他們真的不會花那麼多錢去改造一間租屋，他們想的是如何趕緊賺錢、存錢，買一間屬於自己的房子。

對於租屋，大部分人的要求是乾淨、整潔、能住就行。那個改裝房子的女孩，可能根本就不缺錢。

對於掙扎在溫飽線的人來說，真的談不上什麼生活品質。別人把買優酪乳不舔瓶蓋，當作一種生活品質，但窮到吃麵的我，連舔瓶蓋的機會都沒有。

如果真要說有什麼品質的話，大概就是那顆素心吧。那顆樸素的想把生活過得比較好的心。就是因為想把生活從喘氣變成呼吸，後來我認識了幾個好朋友——顏辭、李娜，還有趙曉璃；她們和我一樣，都是很普通的女孩。不急功近利去求，不機關算盡去爭，而是腳踏實地一寸寸拚出現在的生活。

比如顏辭，年紀輕輕就當上公司高階主管，可是再往前幾年的她，會花二十五塊錢買份酸菜魚，吃完魚，吃酸菜，吃完酸菜，用湯下麵。

又如李娜，漂在大北京，供職於體制，本應朝九晚五，偏偏朝五晚九。即使現在，我們也不是什麼驕傲自大的人，最多也不過是喝優酪乳不舔瓶蓋而已。

我問她們怎樣理解生活品質？

顏辭說，沒窮過的不懂底層的掙扎，沒富過的不懂上層的奢侈。也許唯有生存已然不是最大的問題，我們才有精力去思考生活品質。

你不懂為什麼別人買豆漿，喝一碗倒一碗，你不懂花數百萬去旅行有什麼意義。所以，他們所謂的那種生活品質你理解不了，也做不到。

階層不同，不光能要的不同，想要的也絕不相同。所以品質這回事，還真的挺因人而異的。

我只能寫我自己，寫和我一樣的普通人，寫每一個經歷過貧窮，但沒有就此投降的人。

從生存挨到生活，把喘氣變成呼吸，並不是一件容易的事情。你要跳過生活給你設置的重重障礙，KO掉一次又一次的絕望，熬過日復一日的辛酸，躲過綿綿不絕的輕蔑，才掙得回那麼一點點不舔瓶蓋的資格。

那麼，讓你一直撐到現在的究竟是什麼？

我想，有一點向死而生的勇氣，還有一點樸素向上的力量。如果非要說，有什麼是貧窮生活裡最具品質的，大概就是那些支撐你走到現在的東西。

因為我知道，那段貧窮的日子裡，使勁抬手去碰一碰好生活的自己，才是最有品質的。

×

千萬別只是
看上去很有福氣

孫晴悅

今年，在巴黎生活的那個上海姑娘要回家過年。距離春節還有一個月，她就很不安地發微信給我。

她說，好多年前她在金光閃閃的外企工作，住在陸家嘴滿是老外、租金不菲的社區裡，那會兒家人就說她沒福氣，終究她的鞋子、包包、職位、公寓，哪一樣不是靠自己拚命工作得來的。

後來，她去了巴黎，把存款都交了學費，一邊打工一邊念書，租住的閣樓裡，舊式樓板還會發出咯吱咯吱的聲響。

她在塞納河邊跑步，跑累了就停下來等著看巴黎的落日，現在她打扮得時髦但不昂貴，會做精緻的甜品，說一口流利的法語。她說自己特別享受如今的生活，但他們依然說我過得沒福氣。

七大姑八大姨說她年紀也到了，還不結婚，一個人住在那麼遙遠的法國，以前薪水那麼高的工作也辭了，現在住的地方又小又破，也不知道以後要做什麼。阿姨們一聲嘆息：「好好的一個女孩，說到底還是沒福氣。」

她發來一長串語音，說以前的生活他們說沒福氣，現在還是沒福氣，到底要怎麼樣？然後我的手機螢幕上，出現了這幾個字。

「哎，你說，那什麼叫有福氣呢？」

每當歲末年初的時候，對於每一個處於奮鬥期的女性來說，都是一個內心最惶恐、迷茫，甚至是焦躁的時期。

你獨自一人生活，你漂亮、聰明、精緻、能幹，你才華配得上你的野心，很多剛畢業的小女生都很羨慕你，心裡暗暗發誓，總有一天，她也想過著你這樣的生活。她也要如你一般戴著鑽石耳環，背著最新款的包包，高跟鞋踩在坐滿男人們的會議室裡，她們覺得你在台上手一揮，講著PPT，指點江山的那一刻，簡直迷人極了。

但是，你回家過年，你的親戚、許久未見的鄰居、並不是很熟的小學同學的媽媽，這群人會集體從你完美無瑕的臉蛋和生活裡挑一個骨頭。

「你看起來過得很好，但是不如XXX有福氣。」

你是不是能夠感同身受。你是不是一秒在腦海裡，就能浮現出XXX的名字。我們想的名字當然並不相同，但是她們都具有同樣的屬性。

她一定是從小資質平平，長相普通，讀了一般的大學，找個還可以的工作，早早生了孩子，現在過著家庭幸福、兒女雙全的生活。至少看上去是這樣。

你越出色襯得親戚家的孩子越無能，總要在魯蛇身上找到一丁點比你強的地方，例如比你健康，比你嫁得好，比你生孩子早，如果實在找不出別的了，就說比你命好有福氣。

對於早早結婚、早早生孩子、兒女雙全的好，在外漂泊獨自生活的我們，也許並不那麼羨慕，但是當這些阿姨們，口中吐出比你「有福氣」這三個字時，我們立刻弱掉。

我們在阿姨們的謎之自信裡，竟然開始懷疑自己。

是啊，我們常年加班，皮膚暗淡，屢屢熬夜，黑眼圈都深得都不敢照鏡子。我們承受身體和心靈的雙重疲憊，靠著一口氣才苦苦撐到今天，坐上想要的職位，過著看似完美且高級的生活。

但是那又怎樣，漫漫長夜，那些辛苦，要與誰人說？是啊，終歸我們沒福氣。

究竟什麼樣的女性才算有福氣？

老一輩常說，拋頭露面，常年在外奔波的姑娘，怎麼樣都不是有福氣的女子。但這兩條，不是讓所有在外辛苦工作的女性同胞全部中槍。

所以，在一個普通的城市從事一份普通的工作，已婚已育，兒女雙全，哪怕生活經不起細看，哪怕生活也是雞飛狗跳，哪怕為了節省一點菜錢，還要跑去那個更遠的超市，哪怕心裡再也沒有理想，哪怕眼裡暗淡無光，真的叫作有福氣嗎？

我記得有個朋友A小姐，現在已婚已育，家庭幸福，很久沒聯繫了，有一天突然發微信給我，她說，很不喜歡自己的現狀。

別人覺得她什麼都有了，但不要說理想，她現在連願望都沒有。

每天就像陀螺一樣高速旋轉，為了家庭操持一切。A小姐其實是個非常聰明能幹的人，她一直都非常看好母嬰市場，想要創業。但是這樣的話，她不會對家人說。因為說與不說，都是無用，還會引來爭執。

她過得痛苦而無解，說自己只是看似有福氣，可是這樣的福氣，給你的話你要不要？

我一時竟不知該說什麼好。

腦子裡一直在想，A小姐不知道她這樣有福氣的生活，其實讓很多標榜獨立、標榜自我的女孩，在很多時候，都會懷疑自己。因為，我們最害怕別人說，我們沒福氣。

為什麼害怕七大姑八大姨覺得我們沒福氣？因為我們自己也害怕跌入金光閃閃生活的硬幣反面，我們害怕有一天她們說的都會變成真的。

有錢有顏質有事業的奮鬥女性註定過得不幸福。又或者遠離家人，獨自一人真的會孤獨終老。

所以大多數的女孩，為了阻止這個最壞的可能性發生，索性連那個最好的都不想去爭取；我們安慰自己，平平淡淡才是真，這樣的生活才是有福氣。

其實，不是阿姨們在洗腦，而是我們自己在患得患失中，選了最差的結果。

我們之所以不滿，之所以恐懼，之所以過著自己不想要的生活，很大程度上是因為，我們不敢付出時間和精力，去交換那個最好的結果。然後就變成和A小姐一樣，看起來有福氣，最終還是過得沒福氣。

所以，忘記什麼拋頭露面，還是在外漂泊吧。如果說這個世界上只有一種英雄主義，那就是在認識生活的真相後依然熱愛生活。

努力奮鬥也好，安穩自在也罷，你想要什麼樣的生活，就去爭取過什麼樣的生活。而不是患得患失，為了別人口中有福氣的生活，為了不想承受最壞的可能，而放棄自己真正想要的。

對於女人來說，如果真的有一種叫作有福氣的生活，那麼一定是求仁得仁了。你過著一直以來都夢寐以求的生活，知道手裡的牌該怎麼打，心中篤定想要到達的地方。

提醒一點，千萬不要只是看上去很有福氣。

不做作，不矯情，知道心裡想要的，也正好過著想要的生活，才是真正最有福氣。

可愛心機

我們之所以不滿，之所以恐懼，
過著自己不想要的生活，
大部分是因為，
我們不敢付出時間和精力，
去交換那個最好的結果。

雖然世界如此糟糕，
但你還是應該
相信點什麼

葉輕舟

「相信」是一種珍貴的幼稚，它毫無根基可言，支撐它的是執著而無條件的愛。

大金是我的大學好友。我們的床鋪相鄰，每天熄燈後，兩個人還要嘰嘰喳喳地說上一會兒話才肯睡覺。她特別喜歡一件外套，我就在暑假打工存錢，趁她生日時作為驚喜禮物送給她。大金呢，幫我買吃的、偷簽到，還蹺課回宿舍照顧生病的我。

那時真心覺得她是知己，無話不談。

大三那年課業繁重，社團的廣播稿常常寫完來不及送去，只好麻煩同社團的另一個女生幫我轉交。前幾次都很順利，直到那次關於校慶的稿子。她說將稿件放在社團辦公室桌上，但學姊翻了幾遍還是沒有找到。我又急又委屈，重新寫肯定來不及，社團的學長學姊因為這件事對我頗有微詞。

可是校慶那天，全校廣播裡仍舊播放我寫的稿子。社團開會時，學姊說多虧了那女孩熬夜補了一份，才不至於第二天開天窗。

我找到她，大吵一架，卻因為沒有證據只能憤憤而歸。全寢室私下聲討的時候，大金也在，她雖然話不多，但偶爾還會應和我們激動的言詞。

所以，當我看到大金出現在那個女生的生日聚會照片時，我整個人陷入一團混亂中。該怎麼形容那種感受呢？心中五味雜陳，翻江倒海，又驚又氣也無法理解，更不知道自己該哭還是該罵。

我終究還是忍不住跑去問了大金。

她一臉無辜，「她的生日聚會有邀請我，大家都是同學，不方便拒絕，送個禮物捧個場沒什麼吧。」末了還笑咪咪地加上一句嗔怪，「你呀真是太敏感了，人與人的交往要成熟點嘛！」

我無言以對，那一刻她的笑容變得超級陌生。她的話似乎每一個字都沒有錯，但我的心裡胃裡，卻像有什麼東西在翻騰一樣難受。

從那天開始，我下意識地與大金保持距離。她感覺到這種變化，有些不舒服，經常問我為什麼疏遠她。另一方面，我還是經常看見她和那個女生，一起出現在體育場和學生餐廳。

我留心到許多以前不曾在意的細節，原來她和所有人的關係都不錯，每個人對她都是「零惡感」。無論口碑多麼惡劣的人，她都能擺出一副笑臉熱絡相處。比起我們這些一根腸子通到底的年輕女孩來說，這種圓融幾乎是那時的我們無法企及的高度。

畢業聚會時，我們又坐下來聊了最後一次。

她對我說：「你啊，小孩子心性。做人一定要留三分，這是在社會生存的法則。

為了一個人與全世界為敵，把其他人都得罪，是幼稚的做法。」

七月炎夏，我卻感到一陣涼風從身旁吹過：「你會是個成功的人。」

多年後某日，我與一位朋友聊天，無意中提到這段往事，我忍不住描繪起，當初大金和那個女生帶給我的衝擊與難過。

「不管是對大金的疏遠，還是與那個女生大吵一架，是不是都是衝動幼稚的行為？」

「是的。」

我有些失落，還沒等我再說話，他又開了口。

「但是沒關係，人有時候就是盲目不理智的，需要的，只是你能挺我。」

那時我還不明白他的話，後來無意中在書上看到這樣一段文字，才明白朋友話中的意思：對外八面玲瓏並非壞事，那是一種防衛也是一種技巧，在無法探知陌生人的底線之前，這是保護自己最好的辦法。但除此之外，我們的身體裡更應該存活一個真性情的自己，被辜負了又如何，至少這樣我們才不會變成一個麻木暗淡的膚淺身影，而是一個有生氣的、熱血的、實實在在活著的人。

每個人在這個社會中都該被分成兩份，一份是成熟，一份是幼稚。成熟給世人，幼稚給至親。

豬頭是張嘉佳的睡前故事裡，不引人注意的一個人物，因為他既沒有開一輛車，把自己的愛情回憶扔到千里之外，也沒有在四百公尺的高空跳傘，喊「我愛你」。

他只是偷偷地暗戀著自己的師姐崔敏，然後選擇用偷熱水瓶的形式告白。

他只是在看到師姐被指控盜竊兩千元的時候，攥著拳頭，滿眼淚水，義無反顧地選擇相信她。

他只是在後來的每一個日子裡，當家教做兼職，把自己賺到的錢拿給師姐，讓她去證明自己的清白。

他只是從決定愛這個人開始，就把自己的信任和守護，毫無保留地交給這個人。

豬頭說：「所有人都不相信她，只有我相信她。我要努力工作，拚命賺錢，要讓這個世界的一切苦難和艱澀，從此再也沒有辦法傷害到她。」

他癡情、勇敢，一往無前。他收拾起自己所有的信任就跳進愛情，他愛的人像一支定海神針，深深地駐紮在他的世界裡。

豬頭幼稚嗎？不計成本和回報地去愛一個人當然是幼稚，是傻。

可是，當很多人鄙夷「魯蛇配女神」這種劇情時，很少有人會想起，在每個人都有自己不可治癒的傷口和祕密的當下，無條件的信任和交付有多難得。一顆為愛人怦怦跳動的心臟，即便是幼稚，也是一個暖到骨子裡的存在。

你以為那些盲目相信的人到最後會一無所有？其實最富有的東西，一定會長在心裡，有的人難以割捨，有的人前仆後繼。

所有的熾烈都值得驚嘆，但稍縱即逝。所有的信任都隱祕於心，但歷久彌新。

這個時代的懷疑太多，似乎很難再好起來。人與人之間的信任，在誘惑、利益、名譽等外在條件的作用下，崩塌、損毀、好感全無。每個人都在小心翼翼地，隱藏自己相信和去愛這兩種能力，緊張得全身發抖，警惕著周遭的一切。不輕易相信他人，當然能夠保護自己不再受傷，但人生會因此少了很多溫情。

雖然現實的巴掌經常啪啪地打在我們的臉上，這世界已是如此糟糕，但我想我們還是應該相信點什麼，否則如何能承受那打臉，如何能面對眼前的糟糕和遠方的未知呢？

生存是非常艱難的事情，誰不渴望赤誠相見？誰不想聽到一句：我永遠站在你這邊？至今仍能陪伴在你身邊的人，哪一個不是因為暖心而情義交換？

可愛心機

每個人在這個社會中都該被分成兩份，
一份是成熟，一份是幼稚。
成熟給世人，幼稚給至親。

富能量 02

這世界很煩，但你要很可愛

作　　者：萬特特 等
責任編輯：林麗文
封面設計：@Bianco_Tsai
內頁設計：@Bianco_Tsai
內文排版：王氏研創藝術有限公司
行銷宣傳品手寫字：莊仲豪 IG：zeno.handwriting

總 編 輯：林麗文
副 總 編：梁淑玲、黃佳燕
主　　編：高佩琳、賴秉薇、蕭歆儀
行銷總監：祝子慧
行銷企畫：林彥伶、朱妍靜

出　　版：幸福文化出版／遠足文化事業股份有限公司
地　　址：231 新北市新店區民權路 108-1 號 8 樓
網　　址：https://www.facebook.com/happinessbookrep/
電　　話：(02) 2218-1417
傳　　真：(02) 2218-8057

發　　行：遠足文化事業股份有限公司 (讀書共和國出版集團)
地　　址：231 新北市新店區民權路 108-2 號 9 樓
電　　話：(02) 2218-1417
傳　　真：(02) 2218-1142
電　　郵：service@bookrep.com.tw
郵撥帳號：19504465
客服電話：0800-221-029
網　　址：www.bookrep.com.tw

法律顧問：華洋法律事務所 蘇文生律師
印　　刷：前進印刷

初版 1 刷：2020 年 01 月
初版62刷：2024 年 06 月
定　　價：330 元

國家圖書館出版品預行編目 (CIP) 資料
這世界很煩，但你要很可愛 / 萬特特等著 . -- 初版 . -- 新北市 : 幸福文化出版社出版 : 遠足文化事業股份有限公司發行 , 2020.1
　面 ;　公分
ISBN 978-957-8683-76-1
1. 自我實現 2. 生活指導

177.2　　　　108017922